TAO

道

TAO

sua história e seus ensinamentos

OSHO

Tradução: Leonardo Freire

EDITORA CULTRIX
São Paulo

O primeiro número à esquerda indica a edição, ou reedição, desta obra. A primeira dezena à direita indica o ano em que esta edição, ou reedição, foi publicada.

Edição	Ano
2-3-4-5-6-7-8-9-10-11-12	07-08-09-10-11-12-13 -14-15

Direitos de tradução para a língua portuguesa
adquiridos com exclusividade pela
EDITORA PENSAMENTO-CULTRIX LTDA.
Rua Dr. Mário Vicente, 368 — 04270-000 — São Paulo, SP
Fone: 6166-9000 — Fax: 6166-9008
E-mail: pensamento@cultrix.com.br
http://www.pensamento-cultrix.com.br
que se reserva a propriedade literária desta tradução.

sumário

tao: a grande rebelião

Os mestres taoístas falam apenas do "Caminho"; Tao significa o Caminho, e eles nada falam sobre o objetivo. Eles dizem: "O objetivo virá por si mesmo; você não precisa se preocupar com ele".

Se você conhece o Caminho, conhece o objetivo, pois o objetivo não está no final do Caminho, mas ao longo de todo o Caminho; a cada momento e a cada passo ele está presente. Não que você atinja o objetivo quando o Caminho termina; se você estiver no Caminho, estará no objetivo a todo momento, onde quer que você esteja. Estar no Caminho é estar no objetivo. Por isso os mestres taoístas não falam sobre o objetivo, não falam sobre Deus, não falam sobre *moksha*, *nirvana*, iluminação... não, absolutamente. A mensagem deles é muito simples: você precisa encontrar o Caminho.

As coisas ficam um pouco mais complicadas porque eles dizem: O Caminho não tem mapa, não está cartografado, não é tal que você possa seguir alguém e encontrá-lo. O Caminho não é como uma auto-estrada; é mais como um pássaro voando no céu, sem deixar rastro... O pássaro voou, mas nenhum rastro foi deixado e ninguém pode segui-lo. Assim, o Caminho é um percurso inexplorado; ele é um percurso, mas inexplorado; ele não está pronto, não está disponível, você não pode simplesmente decidir caminhar por ele; você terá de encontrá-lo. E você terá de encontrá-lo à sua própria maneira, pois nenhuma outra servirá para você. Buda caminhou, Lao Tzu caminhou, Jesus caminhou, mas esses caminhos não irão ajudá-lo, porque você não é Jesus, não é Lao Tzu, não é Buda. Você é você, um indivíduo único. Somente ao caminhar, somente ao viver a sua vida, você encontrará o Caminho. Isso é algo de grande valor.

É por isso que o Taoísmo não é uma religião organizada, e nem pode ser. Ele é uma religiosidade orgânica, mas não uma religião organizada. Você pode ser um taoísta se simplesmente viver sua vida autêntica e espontaneamente, se tiver coragem de entrar no desconhecido por conta própria, sozinho, sem depender de ninguém, sem seguir ninguém, mas simplesmente penetrando na noite escura sem saber se chegará a algum lugar ou se ficará perdido. Se você tiver coragem, esse risco existe; é arriscado, é uma aventura.

O Cristianismo, o Hinduísmo e o Islamismo são grandes rodovias: você não precisa arriscar nada, simplesmente segue a multidão. Com o Tao, você precisa seguir sozinho, precisa estar sozinho. O Tao respeita o indivíduo e não a sociedade; respeita o único e não a multidão; respeita a liberdade e não a conformidade. O Tao não tem tradição; ele é uma rebelião, e a maior rebelião possível.

道

"O Caminho não é como uma auto-estrada; é mais como um pássaro voando no céu, sem deixar rastros."

PARTE UM

os princípios do tao

O Tao é um, mas no momento em que ele se torna manifesto, precisa se tornar dois. A manifestação precisa ser dual: ela não pode ser uma só, precisa se dividir em duas. Ela precisa tornar-se matéria e consciência, precisa tornar-se homem e mulher, dia e noite, vida e morte... Você encontrará esses dois princípios em todos os lugares. O todo da vida consiste nesses dois princípios, e por trás deles está oculto o Uno. Se você insistir em permanecer às voltas com essas dualidades, nos pólos opostos, permanecerá no mundo. Se você for inteligente, se for um pouco mais alerta e começar a olhar mais fundo, a olhar para a profundidade das coisas, ficará surpreso: os opostos não são realmente opostos, mas complementares. E por trás de ambos há uma única energia: o Tao.

道

a síntese suprema

Tao significa transcendência, transcendência de toda dualidade, de toda polaridade, de todos os opostos. O Tao é a síntese suprema — a síntese do homem e da mulher, do positivo e do negativo, da vida e da morte, do dia e da noite, do verão e do inverno.

COMO ESSA SÍNTESE é possível? Como a pessoa vem a desenvolver essa síntese suprema? Alguns pontos precisam ser entendidos.

Primeiro, o princípio do yin, o princípio da feminilidade, é como uma escada entre o inferno e o paraíso. Você pode ir ao inferno por ela e pode ir ao paraíso por ela; a direção será diferente, mas a escada será a mesma. Nada acontece sem o feminino; a energia feminina é uma escada que vai do mais baixo ao mais elevado, do mais escuro dos vales ao mais luminoso dos picos. Esse é um dos princípios fundamentais do Tao e precisa ser entendido em detalhes. Uma vez que ele se enraíze no seu coração, as coisas ficam muito simples.

Será bom entrar no simbolismo de Adão e Eva. O mundo não começou com Adão, mas com Eva; foi por meio dela que a serpente persuadiu Adão a desobedecer. A serpente não pôde persuadir Adão diretamente; é como se não houvesse um modo direto de persuadir o homem. Se você quiser atingir o homem, precisará fazer isso por meio da mulher. Ela serviu como um veículo para o demônio, e então, novamente, quando Cristo nasceu, nasceu da Virgem Maria. O Cristo menino nasceu da feminilidade virgem, do yin virgem. O mais elevado entra por meio da mulher. O mais inferior e o mais elevado são ambos expressos por meio da mulher.

Adão significa "terra vermelha". Deus fez Adão a partir da terra vermelha. Adão é o princípio do pó sobre pó; o homem é o princípio exterior, da extroversão, é o corpo físico. Tente entender esses símbolos. O homem é o corpo físico e Deus criou Eva a partir do corpo físico do homem. Eva era algo mais elevado. Primeiro o homem precisou ser criado, e depois a mulher. O feminino era algo mais sutil, mais sofisticado, de uma síntese superior. Eva foi criada de uma costela e não poderia ser criada diretamente da terra.

Para entender esses símbolos, considere que você não pode comer lama, mas pode comer maçãs, que estão num plano mais elevado. As maçãs vêm da terra, as árvores crescem da terra, então a maçã nada mais é do que terra transformada. Você pode comer a maçã e pode digeri-la, mas morrerá se tentar comer a terra. A maçã é da terra, mas é uma síntese superior, melhor, mais digerível.

> *"O Tao não tem tradição; ele é uma rebelião, e a maior rebelião possível."*

Deus criou Adão e, na maneira de ver do homem, ele é o primeiro porque Deus o criou primeiro. Não, o homem foi criado primeiro porque está muito próximo da terra. Depois a mulher foi criada — ela não está tão próxima da terra. Ela foi criada a partir de Adão e é uma síntese superior.

O nome *Eva* também é significativo; ele significa "coração". Adão significa terra, Eva significa coração. Deus disse a Adão para dar nome às coisas; então ele deu nome a tudo e, quando foi dar nome a Eva, simplesmente disse: "Ela é o meu coração, Eva." Esse se tornou o nome de Eva. *Eva* ou *Eve* significa coração; e, traduzido para o jargão moderno, significa psique. O homem é o princípio corporal, a mulher é a psique; o homem é corpo, a mulher é mente. E tudo acontece por intermédio da mente.

Antes de você fazer algo errado, a sua mente precisa ser convencida disso; antes de fazer algo bom, a sua mente precisa ser convencida disso. Tudo acontece primeiro como uma idéia, e então ela pode ser posta em prática.

O seu corpo não pode ser persuadido a fazer algo a menos que a sua mente esteja disposta a fazê-lo. Até mesmo se uma doença entrar no seu corpo, entrará por intermédio da mente. Tudo o que acontece, acontece por intermédio da mente.

A mulher é o princípio do interior; certamente não do interior mais profundo, mas do interior. Ela está justamente no meio. O interior mais profundo é chamado de alma, o mais exterior é chamado de corpo, e justamente entre esses dois está a psique, a mente.

Esse é o significado de toda a parábola de Adão e Eva. A serpente persuadiu Eva, e apenas

道

> *Por meio de Eva, Adão desobedeceu. Adão seguiu Eva nesta aventura pelo mundo.*

a mente pode ser persuadida, convencida, seduzida; e então a mente pode persuadir o corpo muito facilmente. Na verdade, o corpo segue a mente como uma sombra. Uma vez que a sua mente tenha um pensamento, é inevitável que ele se transforme em realidade.

Por meio de Eva, Adão caiu; por meio de Eva, ele foi expulso do Jardim de Deus; por meio de Eva, desenrolou-se essa grande aventura que chamamos de mundo; por meio de Eva, Adão desobedeceu. Adão seguiu Eva nesta aventura pelo mundo.

A parábola sobre Jesus é a mesma, com uma ênfase diferente. Jesus nasceu da Virgem Maria. Por que de uma virgem? Porque, se você entender corretamente, virgem significa uma mente absolutamente pura, não contaminada por nenhum pensamento. Os pensamentos são representados pela serpente, pois os caminhos dos pensamentos são muito serpentiformes. Se você observar seus pensamentos, entenderá por que foram representados pela serpente. Eles deslizam como serpentes, insinuam-se sorrateiramente dentro de você e são muito espertos, ladinos e enganadores, como as serpentes. Eles se escondem em buracos escuros no seu inconsciente e, sempre que têm oportunidade, saltam sobre você. Na noite, na noite escura, eles saem; durante o dia, eles se escondem. Quando você está um pouco alerta, esses pensamentos desaparecem; quando você não está muito alerta, eles saem e começam a influenciá-lo.

A Virgem Maria significa uma mente em meditação; Eva significa uma mente cheia de pensamentos, cheia de serpentes. Jesus entrou novamente no mundo por intermédio da Virgem Maria, por meio da pureza, da inocência. Os pensamentos são ladinos; a ausência de pensamentos é inocente.

Se você entender essas belas parábolas, ficará surpreso: não fizemos justiça a elas. Elas não são fatos históricos, mas grandes metáforas do interior do ser humano. Por meio de Eva, Adão caiu, e por meio da Virgem Maria, Jesus se elevou e novamente entrou no mundo da divindade.

Mais uma coisa: conta-se que o pecado de Adão foi a desobediência. Deus disse para ele não comer o fruto de uma certa árvore, a árvore do conhecimento, mas a serpente persuadiu Eva, e essa persuadiu Adão. Houve uma desobediência.

Você ficará surpreso ao saber que o significado hebraico de "Maria" é rebelião. A palavra hebraica é *mariam*, que significa rebelião. Pela desobediência, Adão caiu; pela rebelião, Jesus se ergueu.

Desobediência significa uma reação, ir contra, contra Deus; rebelião significa negar o negativo, ir contra o mundo, ir contra as serpentes. Eva ouviu as serpentes e foi contra Deus; Jesus se rebelou contra as serpentes e ouviu Deus.

A desobediência é política, a rebelião é religiosa; a desobediência só traz a desordem. A rebelião, a rebelião verdadeira, traz uma mudança radical no seu ser, uma virada de cento e oitenta graus, uma conversão.

Mas ambos, Adão e Jesus, aconteceram por meio do princípio feminino.

道

yin e yang

Na linguagem taoísta, o princípio feminino é chamado de yin e o princípio masculino é chamado de yang. Yang é ambição, é agressão, é desejo e projeção. Yang é político, yin é religioso. Sempre que você for ambicioso, é impossível ser religioso; sempre que você for religioso, é impossível ser político. Eles não caminham juntos. Eles não se misturam. Não podem se misturar — a própria natureza deles é como a água e o óleo. A ambição e a meditação nunca se misturam.

O POLÍTICO AGE por meio do princípio masculino e o sábio age por meio do princípio feminino. É por isso que os sábios se tornam tão suaves, tão femininos, tão plenos, tão belos. Uma certa graça os circunda, e a beleza certamente não é apenas do corpo — às vezes pode acontecer de o corpo não ser absolutamente bonito.

No começo do Cristianismo, havia uma lenda de que Jesus era a pessoa mais feia do mundo. Com o passar do tempo, os cristãos abandonaram essa idéia, pois não gostavam dela, mas ela tem algo de belo em si. A lenda dizia que o corpo de Jesus era feio, mas, ainda assim, quando alguém se deparava com ele, ficava de repente surpreso, tomado, possuído, encantado com a sua beleza. Se você olhasse um retrato dele, veria apenas a sua feiúra. Mas, se fosse até ele, se entrasse na sua presença real, você se esqueceria de sua feiúra porque muita beleza fluía. Assim, tanta beleza se despejava e vertia dele que você nem sequer se lembrava de que ele era feio. Assim, os que não viram Jesus achavam que ele era feio, e os que o viram costumavam dizer que ele era a pessoa mais bela que jamais existiu.

O corpo não é o que importa. O sábio não vive no corpo ou como o corpo; ele vive *por meio* do corpo. O político nada mais é do que o corpo, o extrovertido. O corpo é extrovertido, a psique é introvertida, e, quando você transcende ambos, surge o Tao. Quando você não é extrovertido nem introvertido, quando não está indo para o exterior nem para o interior, quando não está indo a lugar nenhum, há uma imensa serenidade. Não há nenhum movimento, porque não há motivação; sua chama interior não está mais oscilante, porque não há propósito a ser satisfeito, não há nenhum outro lugar para estar e ninguém mais para ser; você está absolutamente satisfeito com o momento. Então você transcendeu o homem, a mulher e a polaridade. O Tao está nessa transcendência.

Essa transcendência foi ensinada de diferentes maneiras por todo o mundo; diferentes termos foram usados. A explicação de um termo ajudará você a entender. O termo é "israel". Esse não é o nome de uma certa raça e não é o nome de um certo indivíduo. Israel é exatamente o Tao. Israel é composto de três

> *"Se você for dominado pelo sol, será agressivo, extremamente agressivo, ambicioso, político, caloroso, ardendo de desejo e paixão. Se você for dominado pela lua, será sereno, nada ambicioso, nada agressivo, receptivo, tranqüilo, silencioso."*

símbolos: *is-ra-el*. *Is* significa o princípio feminino, e vem da palavra egípcia *isis*. Ísis é a deusa lua egípcia e Ishtar é a deusa lua babilônica. Portanto, *is* é o princípio yin, feminino.

Na ioga eles dizem que existem três passagens no ser humano: a lua, o sol e o transcendental. Com uma narina você respira a energia da lua, com a outra narina você respira a energia do sol, e bem no seu interior, quando ambos os tipos de respiração cessam, você transcende.

Ra vem do deus egípcio do sol; ele representa o princípio masculino, yang. E *el* vem de Elohim, a mesma raiz da qual os muçulmanos derivaram a palavra "Alá". A palavra hebraica para Deus é Elohim; *el* vem daí. Ela representa o encontro do feminino e do masculino e sua transcendência: o Tao. Israel significa exatamente Tao.

Se você for dominado pelo sol, será agressivo, extremamente agressivo, ambicioso, político, caloroso, ardendo de desejo e paixão. Se você for dominado pela lua, será sereno, nada ambicioso, nada agressivo, receptivo, tranqüilo, silencioso. Mas ambos precisam ser transcendidos, pois ambos são desequilibrados. A pessoa precisa chegar em um momento em que possa dizer: "Não sou nem homem nem mulher". E é aí que ela se torna um Buda, um Cristo ou um Krishna, quando não é nem mulher nem homem, nem lua nem sol, nem *is* nem *ra*, nem yin nem yang, mas simplesmente *é*, puramente *é*. Todas as formulações desapareceram.

Esse acontecimento se dá apenas com o tempo. Primeiro você precisa abandonar o princípio do *ra*, o princípio do sol, a energia masculina, e precisa se dirigir para o feminino, para a feminilidade, e daí você precisa avançar para o além. Lembre-se de que tudo acontece por meio do princípio feminino. Assim, não faz diferença se você está indo além ou para baixo, pois se trata de uma escada.

Com o corpo, com a energia do sol, com o masculino, você se torna um estuprador. Você estupra a vida, não é um amante. A ciência vem da energia do sol, é orientada pelo masculino, e é por isso que o Oriente não pôde desenvolvê-la, pois viveu por meio do princípio da lua, do passivo, do silencioso, do que flui, do que não tenta conquistar, do que sente profundo amor pela natureza, do que não tenta lutar. O Oriente nunca foi um estuprador; o Ocidente estuprou a natureza, e por isso surgiram os problemas ecológicos, pois a natureza está sendo destruída.

Com o princípio feminino, com o princípio da lua, existe amor. Você ama, mas não estupra. Às vezes o ato físico pode parecer o mesmo, mas a qualidade interior é diferente. Se você não amar a sua esposa, pode estuprar até mesmo ela. O ato físico de fazer amor ou estuprar uma mulher pode ser o mesmo, mas a qualidade interior difere.

A ciência nasceu com a energia do sol e é um estupro contra a natureza. Com a energia

da lua, nasceu a poesia, a arte, a pintura, a dança, a música; ela é amor brincando com a natureza. O Oriente viveu por meio da arte, da música, da dança, do teatro; o Ocidente tem tentado usar demasiadamente a energia masculina e perdeu o equilíbrio, mas o mesmo desequilíbrio aconteceu no Oriente. Até agora, nenhuma sociedade evoluiu a ponto de poder ser chamada de Israel, a ponto de poder ser chamada de Tao, a ponto de transcender ambas ou sintetizar ambas numa tal harmonia que o antagonismo desapareça.

O Tao é o objetivo, ou seja, criar um ser humano que seja inteiramente integrado, totalmente integrado, e também criar uma sociedade humana que seja totalmente integrada.

nenhum objetivo, nenhuma técnica

Toda técnica é contra a natureza, contra o Tao; todo esforço é contra o Tao. Se você conseguir deixar tudo por conta da natureza, então nenhuma técnica é necessária, porque essa é a técnica suprema. Se você conseguir deixar tudo por conta do Tao, essa é a mais profunda entrega possível. Você está entregando a si mesmo, o seu futuro, as suas possibilidades, está entregando o próprio tempo, todos os esforços. Isso significa paciência e espera infinitas.

DEPOIS QUE você entregar tudo à natureza, não há esforço, você apenas flui; você está num profundo estado de deixar acontecer. Coisas lhe acontecem, mas você não está fazendo nenhum esforço para que elas aconteçam, não está nem mesmo procurando-as. Se elas acontecerem, tudo bem; se não acontecerem, tudo bem; você não escolhe. Tudo o que acontece, acontece; você não tem expectativas e, é claro, nenhuma frustração.

A vida flui e você flui com ela. Você não tem nenhum objetivo a alcançar, porque com o objetivo entra o esforço. Você não tem nenhum lugar para ir, porque, se tiver algum lugar para ir, o esforço virá; ele está implícito. Você não tem nenhum lugar para ir, nenhum lugar para alcançar, nenhum objetivo, nenhum ideal; nada precisa ser atingido, você entrega tudo, e, nesse momento de entrega, nesse exato momento, tudo lhe acontece.

O esforço requer tempo, a entrega não leva tempo; técnica leva tempo, a entrega não leva tempo. É por isso que chamo a entrega de técnica suprema; ela é uma não-técnica. Você não pode praticá-la, não se pode praticar a entrega. Se você praticar, ela não é entrega; então você está contando consigo mesmo e não está totalmente impotente; então você está tentando fazer alguma coisa. Mesmo se for entrega, você está *tentando* fazê-la, e a técnica entrará em cena e, com a ela, entra o tempo, o futuro. A entrega não é temporal, ela está além do tempo. Se você se entrega, nesse exato momento você está fora do tempo, e tudo o que *pode* acontecer acontecerá. Mas então você não a está procurando, não a está buscando, não está ávido por ela. Você absolutamente não está pensando nela; para você, dá no mesmo se ela acontecer ou não acontecer.

Tao significa entrega, entrega à natureza, e então o ego não existe. O tantra e a ioga são técnicas, e por meio delas você atinge um ponto de entrega, mas será um longo processo. No final, depois de cada técnica, você terá de se entregar, mas com as técnicas a entrega acontecerá no final. Com o Tao, no Tao, ela virá no começo. Se você puder se entregar agora mesmo, nenhuma técnica é necessária.

Você precisa ser descondicionado. Se você estiver no Tao, então nenhuma técnica é

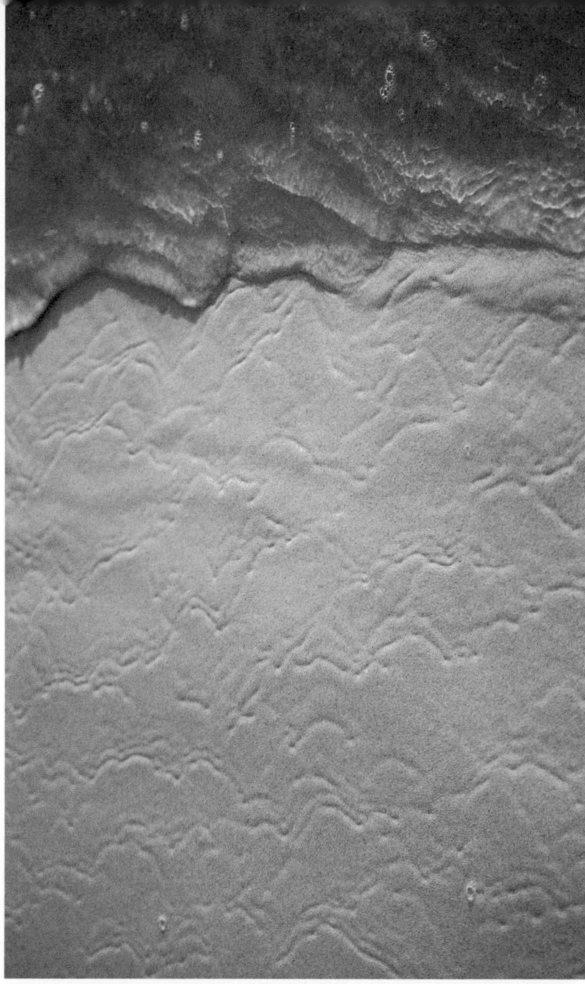
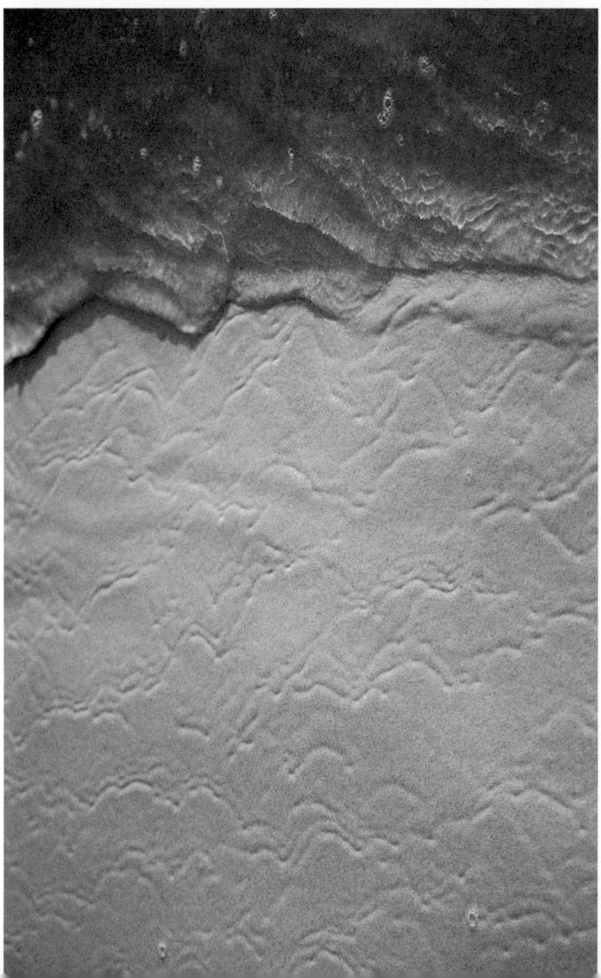
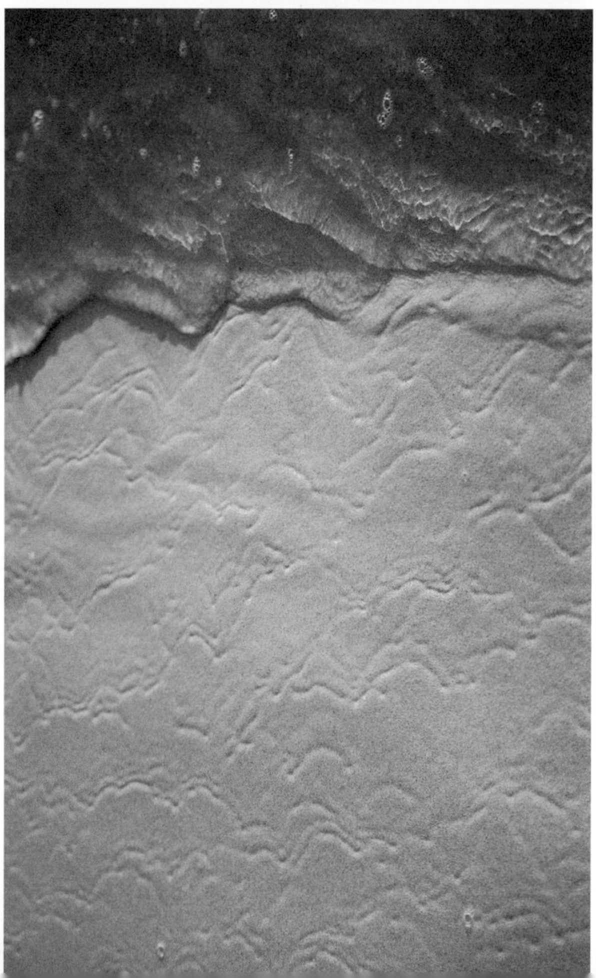

道

necessária; se você for saudável, então nenhum remédio é necessário. Todo remédio é contra a saúde; mas você está doente, e o remédio é necessário. Esse remédio matará sua enfermidade; ele não pode lhe dar saúde, mas, se a doença for removida, a saúde lhe acontecerá. Nenhum remédio pode lhe dar saúde; basicamente, todo remédio é um veneno, mas você coletou algum veneno e precisa de um antídoto que criará um equilíbrio, e a saúde será possível.

A técnica não lhe dará a sua divindade, não lhe dará a sua natureza. Ela destruirá tudo o que você juntou à volta da sua natureza; ela apenas tirará os seus condicionamentos. Você está condicionado e, no momento, não pode saltar em direção à entrega. Se você puder saltar, ótimo, mas você não pode... Seus condicionamentos perguntarão: "Como?" Então as técnicas serão de ajuda.

Quando a pessoa vive no Tao, nenhuma ioga, nenhum tantra e nenhuma religião são necessários. A pessoa está perfeitamente saudável, e nenhum remédio é necessário. Toda religião é medicinal. Quando o mundo viver totalmente no Tao, as religiões desaparecerão e nenhum mestre, nenhum Buda e nenhum Jesus serão necessários, porque cada um será um Buda ou um Jesus. Mas, no momento, como você é, você precisa de técnicas; essas técnicas são antídotos.

Você juntou à sua volta uma mente tão complexa que complicará tudo o que for dito e for dado a você; você tornará tudo mais complexo, mais difícil. Se eu lhe disser: "Entregue-se", você perguntará: "Como?"; se eu disser: "Use técnicas", você perguntará: "Técnicas? As técnicas não são contra o Tao?"; se eu disser: "Nenhuma técnica é necessária, simplesmente se entregue e a divindade lhe acontecerá", imediatamente você perguntará: "Como?" Essa é a sua mente.

Se eu disser: "O Tao está exatamente aqui e agora, você não precisa praticar nada; simplesmente dê um salto e se entregue", você perguntará: "Como? Como posso me entregar?" Se eu lhe der uma técnica para responder ao seu "como", sua mente dirá: "Mas um método, uma técnica e uma abordagem não são contra o Tao? Se a divindade for a minha natureza, então como pode ser alcançada por meio de uma técnica? Se ela já está presente, então a técnica é inútil, é desnecessária. Por que perder tempo com técnicas?" Observe essa mente!

Certa vez aconteceu de um homem, pai de uma jovem, pedir ao compositor Leopold Godowsky para ir à sua casa e dar aula à sua filha. Ela estava aprendendo piano e Godowsky foi à casa deles e, pacientemente, ouviu a jovem tocar. Quando ela terminou, o pai riu exultante, deu um grito de felicidade e perguntou a Godowsky: "Ela não é maravilhosa?"

Conta-se que Godowsky respondeu: "Ela tem uma técnica impressionante. Nunca ouvi alguém tocar uma peça tão simples com uma dificuldade tão grande".

É isso o que acontece na sua mente. Mesmo uma coisa simples, você a tornará complicada, difícil para si mesmo. E essa é uma medida de defesa, porque, quando você cria dificuldade, não precisa fazê-la; primeiro o problema precisa ser resolvido, e só *depois* você pode fazê-la.

Lembre-se, você pode seguir em frente indefinidamente nesse círculo vicioso, mas precisará quebrá-lo em algum ponto e sair dele. Seja determinado, porque somente com decisão nasce a sua humanidade, somente com decisão você se torna humano. Seja determinado; se você puder se entregar, entregue-se; se não puder se entregar, então não crie problemas filosóficos e use alguma técnica. De ambas as maneiras, a entrega lhe acontecerá.

o caminho da água corrente

Existem poucos templos taoístas, então é muito raro encontrar uma estátua taoísta. A maioria se encontra nas montanhas ao ar livre, esculpidas na rocha, sem teto, sem templo, sem sacerdote, sem culto.

HAVIA UMA ESTÁTUA de Lao Tzu, o fundador do Tao, e durante anos um jovem pensou em ir às montanhas para ver essa estátua. Ele adorava as palavras, a maneira como Lao Tzu falava, o seu estilo de vida, mas nunca tinha visto nenhuma de suas estátuas. Anos se passaram, e sempre havia muitas coisas impedindo o jovem de satisfazer seu desejo de ver a estátua.

Certa noite, finalmente, ele decidiu que precisava ir; não era muito longe, apenas a cem quilômetros dali, mas ele era pobre e teria de ir a pé. Ele decidiu partir no meio da noite, pois sua esposa e seus filhos estariam dormindo e não poderiam criar problemas. A noite estava escura, então ele pegou uma lamparina e se dirigiu para as montanhas. Quando ele saiu da cidade, surgiu-lhe um pensamento: "Meu Deus, cem quilômetros! E tenho apenas dois pés; isso irá me matar, estou pedindo o impossível; nunca caminhei tanto, e não há estradas".

Havia uma pequena trilha pelas montanhas, que também era perigosa, e então ele pensou: "É melhor esperar o amanhecer. Pelo menos haverá luz e poderei ver melhor; senão sairei dessa pequena trilha e sem sequer ver a estátua de Lao Tzu; estarei simplesmente acabado! Por que me suicidar?" Assim, ele parou e se sentou.

Quando o sol nasceu, passou por ali um velho que, ao ver o jovem sentado, lhe perguntou: "O que você está fazendo aqui?" O jovem lhe explicou, e o velho riu e disse: "Você não ouviu o velho ditado? 'Ninguém pode dar dois passos ao mesmo tempo, apenas um passo por vez; e não importa se a pessoa é poderosa, fraca, jovem, velha'. E o ditado continua: 'Passo a passo, um passo por vez, uma pessoa pode caminhar dez mil quilômetros'. E são apenas cem quilômetros! Parece que você não é inteligente... E quem lhe disse que você precisa caminhar sem parar? Você pode levar o tempo que quiser; depois de dez quilômetros, você pode descansar por um ou dois dias e curtir. Este é um dos vales mais bonitos que existem, tem as montanhas mais belas e as árvores estão carregadas de frutas, frutas que talvez você nunca tenha provado. De qualquer maneira, eu estou indo e você pode vir comigo; fiz esta trilha milhares de vezes, e tenho pelo menos quatro vezes mais a sua idade. Levante-se!"

O homem era tão autoritário... Quando ele disse: "Levante-se!", o jovem simplesmente se

levantou. E o velho disse: "Dê-me as suas coisas. Você é jovem, inexperiente; eu carregarei as suas coisas. Simplesmente me siga e faremos tantas paradas quanto você quiser".

O que o velho disse era verdade. Quando eles entraram mais fundo na floresta e nas montanhas, a paisagem foi ficando cada vez mais bonita. Havia tantas frutas silvestres suculentas e, sempre que o jovem queria descansar, o velho estava disposto a parar. O jovem ficou surpreso pelo fato de o velho nunca dizer qual era a hora de descansar, mas sempre que ele dizia que era bom descansarem, o velho estava disposto a descansar com ele. Um dia, dois dias de descanso, e então eles recomeçavam a jornada.

Os cem quilômetros passaram logo, e eles chegaram a uma das mais belas estátuas de um dos homens mais notáveis que caminharam sobre a terra. Até mesmo a estátua dele tinha algo especial, pois não era apenas uma obra de arte; ela fora criada por artistas taoístas para representar o espírito do Tao.

O Tao acredita na filosofia da entrega; acredita que você não precisa nadar, mas apenas fluir com o rio, deixar que o rio o leve para onde ele estiver indo, pois todo rio no final chega ao oceano. Então não se preocupe: você chegará ao oceano, e não há necessidade de ficar tenso.

A estátua estava naquele lugar solitário, e havia uma cachoeira ao lado, porque o Tao é chamado de o caminho da água corrente. Assim como a água segue fluindo sem nenhum guia, sem nenhum mapa, sem nenhuma regra, sem nenhuma disciplina... mas de uma maneira muito humilde, porque em todos os lugares ela está sempre procurando a posição menos elevada. Ela nunca vai para cima, sempre vai para baixo; e chega ao oceano, à sua própria fonte. Toda a atmosfera ali era uma representação da idéia taoísta do deixar fluir.

O velho afirmou: "Agora começa a jornada".

O jovem disse: "O quê? Eu estava pensando que, depois de cem quilômetros, a jornada estaria terminada".

O velho disse: "Essa é apenas a maneira como os mestres falam às pessoas. Mas a realidade é que, a partir deste ponto, a partir desta atmosfera, começa uma jornada de mil e um quilômetros. E não o enganarei, porque depois de mil e um quilômetros você encontrará um outro velho, talvez eu mesmo, que lhe dirá: 'Esta é apenas uma parada. Siga em frente'. Seguir em frente é a mensagem".

A jornada é infindável, mas o êxtase continua se aprofundando. A cada passo, você é mais; sua vida fica mais viva, sua inteligência fica chamejante. E ninguém pára; uma vez que o buscador tenha chegado ao seu ser, ele próprio torna-se capaz de perceber o que está à frente: tesouros e mais tesouros. A persuasão é necessária apenas até o ponto do ser; esses primeiros cem quilômetros são os mais difíceis, depois deles podem vir mil e um quilômetros ou uma infinidade; não faz diferença.

Agora você sabe que na realidade não há objetivo; a própria conversa sobre objetivos era para os principiantes, para crianças. A jornada é o objetivo.

A própria jornada é o objetivo.

Ela é infinita, eterna.

Você encontrará estrelas, espaços desconhecidos, experiências incognoscíveis, mas nunca chegará a um ponto em que possa dizer: "Agora cheguei". Qualquer um que diga "Cheguei" não está no Caminho. Ele não viajou, sua jornada não começou e ele está apenas sentado no primeiro marco.

Cada partida é um pouco dolorosa, mas a dor será imediatamente esquecida, pois mais e mais bem-aventurança se despejará sobre você. Logo você aprenderá isto: não é preciso sentir dor quando você parte depois de um pernoite. Você se acostuma, sabe que a jornada é infindável; e os tesouros ficam cada vez maiores, e você não é um perdedor. Parar em qualquer lugar será uma perda; então, não há fim, não há ponto final, nem mesmo um ponto e vírgula....

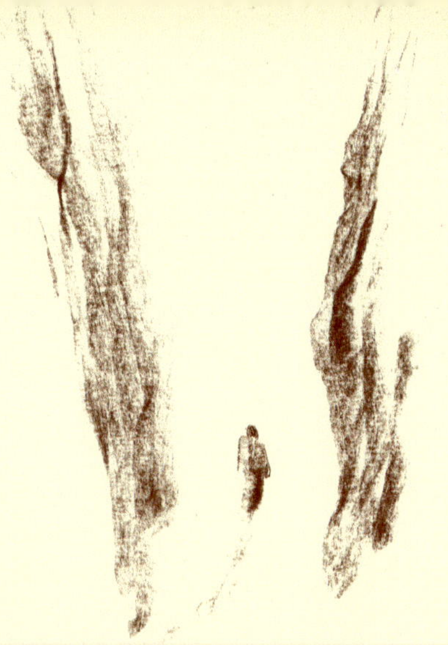

O CAMINHO

Tao significa caminho sem nenhum objetivo; simplesmente o Caminho. Há 25 séculos, Lao Tzu foi corajoso ao dizer às pessoas que não há objetivo e que não estamos indo a lugar nenhum. Estamos apenas indo para estarmos aqui, então torne o tempo tão belo, tão amoroso e tão alegre quanto possível. Ele chamou sua filosofia de Tao, e Tao significa o Caminho.

Muitas pessoas lhe perguntaram: "Por que você escolheu o nome Tao? Pois você não tem nenhum objetivo na sua filosofia".

Ele respondia: "Especificamente por essa razão escolhi chamá-lo de 'o Caminho', para que ninguém se esqueça de que não há objetivo, mas apenas o Caminho".

O Caminho é belo, está repleto de flores e fica cada vez mais belo à medida que a sua consciência fica cada vez mais elevada. No momento em que você atinge o ponto culminante, tudo se torna tão doce, tão extasiante, que de repente você se dá conta de que este aqui é o lugar, este é o lar. Desnecessariamente você estava correndo para lá e para cá.

Assim, cancele todas as passagens que você reservou! Não há nenhum lugar para ir.

PARTE DOIS

lao tzu:

"o velho camarada"

Lao Tzu é apenas um porta-voz da vida. Se a vida é absurda, Lao Tzu é absurdo; se a vida tem uma lógica absurda, Lao Tzu tem a mesma lógica. Lao Tzu simplesmente reflete a vida e não acrescenta nada a ela, não escolhe nada; ele simplesmente aceita tudo o que ela é. É simples perceber a espiritualidade de Buda; é impossível deixar de vê-la, ele é tão extraordinário! Mas é difícil perceber a espiritualidade de Lao Tzu; ele é muito comum, assim como você. Você terá de crescer em entendimento. Buda passa por você e imediatamente você reconhecerá que um ser humano superior passou; ele carrega a aura de um ser humano superior. É difícil não notá-lo, praticamente impossível. Mas Lao Tzu... ele pode ser o seu vizinho. Você pode ter deixado de notá-lo porque ele é muito comum, extraordinariamente comum, e essa é a sua beleza.

道

道

o tao absoluto

Deixe-me contar-lhe a história de como foram escritos os versos do Tao Te Ching, de Lao Tzu, porque isso o ajudará a entendê-los. Lao Tzu viveu noventa anos; na verdade, ele nada fez a não ser viver; ele viveu totalmente. Muitas vezes seus discípulos pediram que ele escrevesse alguma coisa, mas ele sempre dizia: "O Tao que pode ser dito não é o Tao verdadeiro, a verdade que pode ser dita se torna imediatamente uma mentira".

Lao Tzu diz: *O Tao que pode ser dito não é o Tao absoluto.*

ASSIM, ELE NÃO DIZIA NADA, não escrevia nada. Então o que os discípulos ficavam fazendo com ele? Eles apenas ficavam com ele, viviam com ele, caminhavam com ele, simplesmente se embebiam do seu ser. Quando estavam perto dele, tentavam ficar abertos a ele; quando estavam perto dele, tentavam não pensar em nada; quando estavam perto dele, ficavam cada vez mais calados. Nesse silêncio, ele os alcançava, ia até eles e batia às suas portas.

Por noventa anos ele se recusou a escrever ou a dizer qualquer coisa. Esta era a sua atitude básica: a verdade não pode ser ensinada. No momento em que você diz algo sobre a verdade, ela deixa de ser verdadeira; o próprio dizer a falsifica. Você não pode ensiná-la; no máximo você pode indicá-la, e essa indicação deveria ser seu próprio ser, toda a sua vida; ela não pode ser indicada com palavras. Ele era contrário às palavras, à linguagem.

Conta-se que ele costumava caminhar todos os dias pela manhã, e um vizinho costumava segui-lo. Sabendo perfeitamente bem que ele não queria falar, que ele era um homem de um silêncio absoluto, o vizinho sempre ficava quieto. Até um "alô" não era permitido, até falar sobre o tempo não era permitido. Dizer: "Que bela manhã!" seria um tagarelar demasiado. Lao Tzu dava uma boa caminhada, de quilômetros, e o vizinho o seguia.

Isso continuou durante anos, mas uma vez aconteceu de o vizinho receber um hóspede que também quis acompanhá-los, então o vizinho o levou junto. Ele não conhecia Lao Tzu, nem as suas maneiras, então começou a se sentir sufocado, porque seu anfitrião não estava falando, e ele não podia entender por que eles estavam tão calados; e o silêncio ficou pesado para ele.

Se você não sabe como ficar em silêncio, o silêncio fica pesado. Não é que por dizer coisas você se comunica, não; por dizer coisas você se descarrega.

Na verdade, a comunicação não é possível por meio de palavras, e apenas o oposto é possível; você pode evitar a comunicação. Você pode falar, pode criar uma cortina de palavras à sua volta, de tal modo que a sua situação real não possa ser conhecida pelos outros; você se fecha por meio de palavras.

Aquele homem começou a se sentir despido, sufocado e desconfortável; ele estava constrangido. Então, quando o sol estava nascendo, ele simplesmente disse: "Que belo alvorecer, olhem...! Que sol maravilhoso está nascendo! Que bela manhã!"

Ele só disse isso, mas ninguém respondeu, porque o vizinho, seu anfitrião, sabia que Lao Tzu não gostaria de ouvir nada. E, é claro, Lao Tzu não disse nada, não respondeu.

Quando eles voltaram, Lao Tzu disse ao vizinho: "A partir de amanhã, não traga mais esse homem. Ele é um tagarela". E ele só havia dito isto: "Que belo alvorecer... que bela manhã". Apenas isso numa caminhada de duas ou três horas, mas Lao Tzu disse: "Não traga mais esse tagarela. Ele fala demais e sem necessidade, pois também tenho olhos e posso ver que o sol está nascendo e que ele é lindo. Qual é a necessidade de se dizer isso?"

Lao Tzu viveu em silêncio, sempre evitou falar sobre a verdade que ele atingiu e sempre rejeitou a idéia de que deveria escrever para as gerações futuras.

E, na idade de noventa anos, despediu-se de seus discípulos e disse: "Agora vou para as montanhas, para o Himalaia; vou lá para me preparar para morrer. É bom viver com pessoas, é bom estar no mundo enquanto se está vivo, mas, quando a morte se aproxima, é bom

> *A verdade não pode ser dita por muitas razões, e a primeira e a mais básica é que a verdade sempre é percebida em silêncio.*

"A verdade não pode ser dita por muitas razões, e a primeira e a mais básica é que a verdade sempre é percebida em silêncio."

penetrar na solidão total, de tal modo que a pessoa siga na direção da fonte original na sua pureza e solidão absolutas, não contaminadas pelo mundo".

Seus discípulos ficaram muito tristes, mas o que poderiam fazer? Eles o seguiram por alguns quilômetros, mas aos poucos Lao Tzu os convenceu a voltar. Então, sozinho, ao atravessar a fronteira do país, o guarda que vigiava a fronteira o prendeu. O guarda também era seu discípulo e disse: "A menos que o senhor escreva um livro, não permitirei que atravesse a fronteira. O senhor precisa escrever um livro para a humanidade, essa é a dívida que o senhor precisa pagar; do contrário, não permitirei que cruze a fronteira". Assim, durante três dias, Lao Tzu foi mantido preso pelo seu próprio discípulo.

Isso é belo, é muito amoroso. Ele foi forçado, e foi assim que nasceu esse pequeno livro, o livro de Lao Tzu, o *Tao Te Ching*. Ele teve de escrevê-lo porque, se não o fizesse, o discípulo não permitiria que ele cruzasse a fronteira do país, e ele era o guarda, tinha autoridade e podia criar problemas; então Lao Tzu precisou escrever o livro. E em três dias ele terminou de escrevê-lo.

Esta é a primeira sentença do livro:

O Tao que pode ser dito não é o Tao absoluto.

Este é o primeiro ponto que ele precisa salientar: tudo o que pode ser dito não pode ser verdadeiro. Essa é a introdução do livro e simplesmente o alerta: algumas palavras seguirão, mas não seja vítima delas. Lembre-se da ausência de palavras, do que não pode ser comunicado pela linguagem, do que não pode ser comunicado por meio de palavras. O Tao pode ser comunicado, mas somente de ser para ser; ele pode ser comunicado quando você está com o mestre e está sem fazer nada, nem mesmo praticando alguma coisa. O Tao só pode ser comunicado quando você está na presença do mestre.

Por que a verdade não pode ser dita? Qual é a dificuldade? A verdade não pode ser dita por muitas razões, e a primeira e a mais básica é que a verdade sempre é percebida em silêncio. Quando a sua conversa interior cessa, então ela é percebida; e como você pode dizer por meio de som aquilo que é percebido no silêncio? Trata-se de uma experiência, e não de um pensamento. Se ele fosse um pensamento, poderia ser expresso, não haveria problema. Não importa quão complicado ou complexo possa ser um pensamento; uma maneira de expressá-lo pode ser encontrada. A teoria mais complexa de Albert Einstein, a teoria da relatividade, também pode ser expressa por um símbolo; não há problema nisso. A pessoa que ouve poderá não ser capaz de entendê-la, mas essa não é a questão, pois ela pode ser expressa.

Quando Einstein estava vivo, conta-se que apenas uma dúzia de pessoas no mundo o entendia. Mas até isso é suficiente; se uma única pessoa puder entender, a mensagem foi expressa. E até se nenhuma pessoa puder entender agora, talvez depois de muitos séculos haja uma pessoa que possa entender, e então também a mensagem foi expressa. Ela é expressa na própria probabilidade de que alguém possa entendê-la.

Mas a verdade não pode ser expressa porque o próprio alcançar a verdade se dá por meio do silêncio, da ausência de som, da ausência de pensamento. Você a alcança por meio da não-mente; a mente pára. Como você pode usar algo que, como condição necessária, precisa ser abandonado antes que a verdade possa ser alcançada? A mente não pode entender a verdade, não pode perceber a verdade; então, como ela pode expressá-la? Lembre-se disto como uma regra: se a mente puder atingir algo, ela pode expressá-lo; se a mente não puder atingi-lo, ela não pode expressá-lo.

Todas as linguagens são inúteis, pois a verdade não pode ser expressa.

Então o que todas as escrituras têm feito, o que Lao Tzu está fazendo, o que os *Upanishades* estão fazendo? Eles tentam dizer algo que não pode ser dito na esperança de que possa surgir em você um desejo de conhecer a respeito. A verdade não pode ser dita, mas, no próprio esforço de dizê-la pode surgir um desejo naquele que ouve de conhecer o que não pode ser expresso.

A sede pode ser provocada; a sede já existe e precisa de uma pequena provocação. Você já está sedento, e como pode ser diferente? Você não se encontra no estado de plenitude, não está extasiado... você está sedento, o seu coração está ardendo, você está procurando algo que possa saciar a sua sede, mas, ao não encontrar a água, ao não encontrar a fonte, aos poucos você tenta suprimir a sua sede. Essa é a única maneira, senão ela seria insuportável e não permitiria que você vivesse. Dessa maneira, você suprime a sede.

Um mestre como Lao Tzu sabe muito bem que a verdade não pode ser dita, mas o próprio esforço de dizê-la provocará alguma coisa, trará à superfície a sua sede suprimida. E uma vez que a sede aflore, começa uma busca, uma investigação, e ele fez com que você se movesse...

O Tao que pode ser dito não é o Tao absoluto.

No máximo ele pode ser relativo.

Por exemplo, podemos dizer alguma coisa sobre a luz a um cego, sabendo perfeitamente bem que é impossível comunicar algo sobre a luz, pois ele não tem a experiência da luz. Mas algo pode ser dito sobre a luz, teorias sobre a luz podem ser criadas. Mesmo um cego pode se tornar um especialista nas teorias da luz, sobre toda a ciência da luz, não há problema nisso, mas ele não entenderá o que é a luz. Ele saberá em que consiste a luz, entenderá a sua física, a poesia da luz, mas não a sua realidade, o que *é* a luz; a *experiência* da luz não será entendida. Assim, tudo o que é dito a um cego sobre a luz é apenas relativo; é algo sobre a luz e não a própria luz. A luz não pode ser comunicada.

Algo pode ser dito sobre Deus, mas Deus não pode ser explicado; algo pode ser dito sobre o amor, mas o amor não pode ser explicado. Esse "algo" permanece relativo para quem ouve, para a sua compreensão, para o seu domínio intelectual, para o seu treinamento, para o seu desejo de entender. Depende do mestre e é relativo ao mestre a maneira de ele se expressar, as estratégias que ele usa para se comunicar. Isso permanece relativo, relativo a muitas coisas, mas essa nunca pode se tornar a experiência absoluta. Essa é a primeira razão de a verdade não poder ser expressa.

A segunda razão é que ela é uma *experiência*. Nenhuma experiência pode ser comunicada... a verdade é deixada de lado. Se você nunca conheceu o amor, quando alguém diz algo sobre ele, você ouvirá a palavra mas deixará escapar o seu significado. A palavra está no dicionário; mesmo se você não entender, poderá procurar no dicionário e saberá o que ela significa, mas o significado está em *você*, pois o significado vem por meio da experiência. Se você amou alguém, então conhece o significado da palavra "amor". O significado literal está no dicionário, na linguagem, na gramática, mas o significado experimental e existencial está em você. Se você conheceu a experiência, imediatamente a palavra "amor" deixa de ser vazia e passa a conter algo.

Se você disser alguma coisa, isso é vazio, a menos que você traga a sua experiência junto com o que você diz. Quando a sua experiência entra em cena, o que você diz se torna significativo; do contrário, o que você diz permanece vazio, palavras e mais palavras.

Como a verdade pode ser expressa se você não a experimentou? Até na vida comum algo não experimentado não pode ser dito; apenas palavras serão transmitidas. O recipiente chegará a você, mas o conteúdo será perdido; uma palavra vazia irá na sua direção, você a ouvirá e achará que a entende porque conhece o seu significado literal, mas não a compreenderá na realidade. O significado real e autêntico vem por meio da experiência existencial. Você terá de conhecê-la, não existe outra maneira, não existem atalhos. A verdade não pode ser transferida, você não pode roubá-la, não pode emprestá-la, não pode comprá-la, não pode furtá-la, não pode mendigá-la; não há como fazer isso. A menos que você a tenha, não pode tê-la.

O Tao que pode ser dito não é o Tao absoluto.

Lembre-se dessa condição.

os três tipos de pessoas

Lao Tzu diz: Quando o tipo mais elevado de pessoa ouve o Tao, tenta arduamente viver de acordo com ele. Quando o tipo medíocre ouve o Tao, parece estar consciente e, ainda assim, está inconsciente dele. Quando o tipo mais inferior ouve o Tao, irrompe numa sonora gargalhada; se ele não fosse digno de riso, não seria o Tao.

O MAIOR MITO é o da "humanidade". Ela não existe, pois existem tantas humanidades quantas são as pessoas; não existe um tipo só. Cada pessoa é tão diferente das outras que não existe uma "humanidade". Ela é apenas uma palavra, uma abstração. Você parece ser semelhante aos outros, mas não é, e esse mito precisa ser desfeito; só então você poderá penetrar mais fundo na realidade dos seres humanos.

Nenhuma psicologia antiga jamais acreditou que a "humanidade" existisse. Na verdade, se formos classificar, todas as psicologias antigas classificaram o ser humano em três divisões. Na Índia, a humanidade foi dividida em três partes: *Satwa*, *Rajas* e *Tamas*. Lao Tzu não deu esses nomes, mas também divide a humanidade em três tipos, exatamente os mesmos.

Essas três divisões são arbitrárias, mas precisamos classificar para entender; na verdade, existem tantas humanidades quanto existem homens e mulheres; cada homem e cada mulher é um mundo em si mesmo, mas essa classificação ajuda a entender muitas coisas que seriam impossíveis de serem entendidas sem ela. Tente compreender a classificação tão claramente quanto possível.

Quando o tipo mais elevado de pessoa ouve o Tao, tenta arduamente viver de acordo com ele. Quando o tipo medíocre ouve o Tao, parece estar consciente e, ainda assim, está inconsciente dele. Quando o tipo mais inferior ouve o Tao, irrompe numa sonora gargalhada; se ele não fosse digno de riso, não seria o Tao.

O primeiro é *Satwa*, o segundo é *Rajas* e o terceiro é *Tamas*.

Quando o tipo mais elevado de pessoa ouve falar do Tao, de repente se sente sintonizado com ele. Para ele, não se trata de um entendimento intelectual; todo o seu ser vibra com uma nova canção, uma nova música é ouvida. Quando ele escuta a verdade, de repente algo se encaixa, e ele deixa de ser o mesmo; apenas ao ouvir, ele se torna um tipo de pessoa totalmente diferente. Não que ele precise usar o intelecto para entendê-lo; esse seria um entendimento retardado. O tipo mais elevado de pessoa entende imediatamente, sem nenhum intervalo de tempo. Se ele ouve uma verdade, no próprio ouvir ele entende, e não que tenha trazido seu intelecto para entendê-la, não,

pois isso seria adiamento; todo o seu ser a entende, e não apenas a parte intelectual, não apenas a sua alma, não apenas a sua mente, mas até o seu corpo vibra de uma nova maneira desconhecida. Uma nova dança entrou no seu ser, e agora ele nunca poderá ser o mesmo.

Uma vez que tenha escutado a verdade, ele nunca poderá ser novamente o velho; uma nova jornada começou. Agora nada pode ser feito, ele precisa seguir adiante. Ele ouviu falar sobre a luz e tem vivido na escuridão; agora, a não ser que atinja a luz, não haverá descanso para ele. Ele ficará profundamente descontente, pois ouviu que um tipo diferente de existência é possível. Agora, a menos que a alcance, que a atinja, ele não poderá ficar à vontade, não poderá se sentir em casa em lugar nenhum. Onde ele estiver, a constante chamada do desconhecido estará batendo à porta, esteja ele acordado, dormindo ou sonhando... e a batida estará presente, ele a ouvirá. Ele a ouvirá ao comer, ao caminhar, na loja, no mercado... Ela o perseguirá o tempo todo.

É por isso que J. Krishnamurti sempre dizia que não havia necessidade de fazer coisa alguma. Na verdade, para o primeiro tipo de pessoa, não há necessidade de fazer coisa alguma; a pessoa atinge apenas ao ouvir, ao ouvir corretamente. Mas onde encontrar o primeiro tipo de pessoa? Ele é muito raro, e a menos que Krishnamurti venha a ouvir Krishnamurti, nada acontecerá. Mas por que um Krishnamurti iria ouvir um Krishnamurti? Isso é absurdo, não tem sentido. Uma pessoa que tem esse tipo de perceptividade pode ficar desperta apenas ao ouvir o canto de um pássaro, apenas ao ouvir a brisa passando por entre as árvores, apenas ao ouvir o som da água fluindo; isso é suficiente, porque a verdade fala a partir de todos os lugares. Se você for perceptivo, ouvirá a verdade, o Tao, a partir de tudo o que você ouve. Nada mais existe, todos os sons são divinos, todas as mensagens são divinas, em todos os lugares há a assinatura divina. Para a primeira categoria de mente, o Caminho não é absolutamente um

caminho; a pessoa simplesmente entra no templo sem nenhum caminho, não há necessidade de nenhuma ponte.

Lao Tzu diz que, quando o tipo mais elevado de pessoa ouve o Tao, há uma percepção imediata, um entendimento imediato. Ela entende apenas ao olhar para o mestre que atingiu, apenas ao ouvir a sua palavra, apenas ao ouvir a sua respiração, o seu silêncio, a sua serenidade, ao sentar-se a seu lado.

Uma vez que as pessoas desse tipo entendam, então não tentam atingir a verdade, mas simplesmente tentam aperfeiçoar seu mecanismo. Elas entenderam a verdade; ela existe, elas a ouviram. Os hindus chamam suas escrituras de *Shrutis*, e a palavra *Shruti* significa "aquilo que foi ouvido". Todas as escrituras são "aquilo que foi ouvido".

Uma vez que uma pessoa da primeira categoria de inteligência ouça a verdade, ela a entende.

Certa vez, aconteceu de um mestre sufi subitamente chamar um de seus discípulos. Muitos discípulos estavam sentados no anfiteatro, mas ele chamou apenas um: "Aproxime-se".

O mestre estava perto da janela, e era uma noite de lua cheia. Todos os discípulos olharam admirados. Por que o mestre chamou apenas esse discípulo? Então o velho indicou ao jovem algo fora da janela e disse: "Olhe!" E a partir desse dia o jovem se transformou completamente.

Os outros perguntaram: "O que aconteceu? Não havia nada, sabemos disso, apenas a noite de lua cheia. Havia a lua cheia, é claro; a noite estava linda, é claro; mas o que aconteceu com você parece ser completamente desproporcional, pois você está completamente transformado. O que aconteceu?"

O jovem respondeu: "Eu ouvi o mestre e, por ele ter me chamado, fiquei tão silencioso, tão sem pensamentos e tão sereno que, quando ele indicou a lua, algo se abriu dentro de mim, uma janela; tive uma percepção que jamais tive. Olhei para a lua com novos olhos, olhei para o luar com um novo ser. É claro, percebi a cena a partir de um estado mental vago e terei de trabalhar arduamente para alcançá-lo definitivamente, mas agora ele existe, agora ele é uma certeza, agora não há dúvida. Mas ainda terei de alcançar esse estado... porque vi por meio dos olhos do mestre. Aqueles olhos não eram meus; por um momento, ele me deu seus olhos; eu os tomei emprestado, olhei por meio do seu ser. Não era o meu ser, a janela não era a minha, mas a dele, e ele permitiu que eu olhasse por ela. Mas agora eu sei que um tipo diferente de existência é possível, e não apenas é possível, mas é absolutamente certa. Agora pode levar muitas vidas para eu alcançar esse objetivo, mas o objetivo é certo. Agora não há nenhuma dúvida em mim, nenhuma dúvida pode me perturbar; agora a minha jornada está clara".

Quando o tipo mais elevado de pessoa ouve o Tao, tenta arduamente viver de acordo com ele.

Ele ouve, entende e tenta arduamente viver de acordo com o Tao. A pessoa olhou através da janela do mestre e ficou certa de que então se tratava de um fato absoluto; não é uma filosofia, não é uma metafísica, e sim algo existencial. Ela o sentiu e o conheceu, mas terá de percorrer uma longa jornada antes que a mesma percepção se torne própria.

A pessoa ouviu a verdade e a entendeu, mas terá de percorrer uma longa jornada antes que a verdade se torne o seu ser.

O tipo mais elevado tenta arduamente viver de acordo com o Tao, isso não quer dizer que a pessoa o atinja ao tentar arduamente viver de acordo com ele, não. Ninguém o atinge apenas por tentar arduamente; mas, por tentar arduamente, a pessoa aos poucos passa a sentir que, nos estágios finais de transformação, o próprio esforço é uma barreira. Ao tentar arduamente, a pessoa passa a saber que, mesmo tentar arduamente, é uma barreira, e então ela deixa de lado o esforço. Porque, quando você tenta arduamente viver de acordo com o Tao, essa vida não pode ser uma vida espontânea, mas apenas um fenômeno forçado, uma disciplina, e não uma liberdade; isso se tornará uma escravidão. Ao tentar arduamente, ninguém pode atingir aquilo que já está presente; mas, ao tentar arduamente, a pessoa vem a entender que mesmo o esforço é uma barreira, uma barreira muito sutil, porque todos os esforços são do ego. Até o desejo de chegar à verdade vem do ego, e a pessoa também abandona isso.

Mas lembre-se, a pessoa só pode abandonar o esforço quando se esforçou ao máximo. Você não pode dizer: "Se é assim, então seria melhor abandonar o esforço desde o começo. Por que fazer esforço?" Assim você perderá o ponto, e é isso o que aconteceu com os que ouviram Krishnamurti. Tudo o que ele diz é perfeitamente verdadeiro, e ele diz que nenhum esforço é necessário. Isso está certo, mas está certo apenas para aqueles que fizeram um grande esforço com todo o seu ser. Isso só é verdadeiro para essas pessoas; *elas* podem abandonar o esforço.

Para quem não passou por nenhuma disciplina, é impossível tornar-se naturalmente habilidoso. No final, o artista precisa se esquecer completamente da sua arte, tem de se esquecer de tudo o que aprendeu. Mas você pode se esquecer apenas daquilo que aprendeu. Se a arte de um artista vem do esforço, então não é uma arte perfeita.

No Zen, são usados muitos métodos para ensinar meditação às pessoas, inclusive a arte: pintura, caligrafia e outras coisas. O estudante pode aprender pintura durante dez ou doze anos, até que se torne tecnicamente perfeito sem ter um único erro na sua metodologia. E quando ele se torna tecnicamente perfeito, o mestre diz: "Agora abandone a arte. Durante dois ou três anos esqueça-se completamente dela, jogue fora seus pincéis, esqueça-se de tudo o que sabe de pintura e, quando você se esquecer completamente, volte a mim".

Para se esquecer, são necessários dois, três, quatro, cinco anos, às vezes até mais; o esquecimento é muito difícil. Primeiro é difícil aprender uma coisa, e é mais difícil desaprendê-la uma vez que a aprendeu. A segunda parte é muito essencial, é fundamental; se não for assim, você será um técnico e não um artista.

Conta-se que um grande arqueiro treinou seu discípulo até a perfeição nessa arte e então lhe disse: "Agora se esqueça de tudo o que sabe sobre isso." Durante vinte anos o discípulo ia ao mestre mas esse nada dizia; então o discípulo precisou esperar pacientemente. Aos poucos ele se esqueceu de tudo o que sabia sobre arcos e flechas... Vinte anos é muito tempo, e ele já estava ficando velho.

Então, um dia, ele veio e, ao entrar na sala do mestre, viu um arco, mas não reconheceu o que era aquilo. O mestre foi até ele, abraçou-o e disse: "Agora você se tornou um arqueiro perfeito; você se esqueceu até mesmo do arco. Agora vá lá fora e olhe os pássaros voando e, apenas com a idéia de que eles deveriam cair, eles cairão".

O arqueiro foi para fora e não pôde acreditar; ele olhou uns doze pássaros voando, e eles caíram imediatamente no chão. O mestre disse: "Agora não há mais nada a ser feito. Eu

estava apenas lhe mostrando que, quando a pessoa se esquece da técnica, só então ela se torna perfeita. Agora o arco e a flecha não são mais necessários; eles são necessários apenas para os amadores".

O pintor perfeito não precisa de pincéis e de telas; o músico perfeito não precisa de cítara, violino ou violão. Não, isso é para os amadores.

Encontrei um músico muito velho, de cento e dez anos, e agora ele já morreu. Ravi Shankar é seu discípulo... Ele podia criar música a partir de qualquer coisa, fosse o que fosse. Ele poderia passar entre duas rochas e poderia criar música com elas; ele poderia encontrar um pedaço de ferro e começar a tocar com ele, e belas músicas jamais ouvidas seriam produzidas. Esse era um músico; até seu toque era musical. Se ele o tocasse, você perceberia que ele tocou o instrumento mais íntimo da sua harmonia e música interiores, e de repente você começaria a vibrar.

Quando alguma coisa se torna perfeita, o esforço que você fez para aprendê-la precisa ser abandonado; do contrário, o próprio esforço continua pesando sobre a sua cabeça. Assim, não é que tentar arduamente viver de acordo com o Tao leve o tipo mais elevado a alcançá-lo, não. Ele tenta arduamente viver de acordo com ele e, aos poucos, começa a entender que nenhum esforço é necessário para viver de acordo com a natureza. É como flutuar na água; ninguém pode simplesmente flutuar, pois antes a pessoa precisa aprender a nadar. Não vá ao rio, senão você afundará. A pessoa precisa aprender a nadar e, quando o nadar se torna perfeito, ela não precisa nadar e pode simplesmente estar no rio, flutuando; ela pode se deitar no rio como se estivesse deitada numa cama. Agora ela aprendeu a estar em harmonia com o

> *O nadador perfeito se torna parte do rio, é uma onda no rio. Como o rio pode destruir a onda?*

rio, agora ele não pode afundá-la, agora ela não tem mais inimizade com ele. Na verdade, ela deixa de existir de uma maneira separada do rio. O nadador perfeito se torna parte do rio, é uma onda no rio. Como o rio pode destruir a onda? Agora ele flutua em harmonia com o rio; ele não está ali brigando, resistindo, fazendo alguma coisa, mas está em sintonia com o rio e pode simplesmente flutuar. Mas não tente isso, a menos que saiba nadar, senão você afundará.

O mesmo acontece com o Tao. Você faz um grande esforço para viver de acordo com a verdade; então, aos poucos, entende que seu grande esforço ajuda um pouco, mas dificulta bastante. Viver em harmonia é ficar em um estado de deixar acontecer, e não de lutar contra a natureza. Viver em harmonia com a natureza é estar integrado a ela; não há necessidade de lutar. O esforço é uma luta e significa que você está tentando fazer alguma coisa de acordo consigo mesmo.

A ciência é esforço, o Tao é ausência de esforço. A ciência é violência para com a natureza, e é por isso que os cientistas falam continuamente em termos de conflito, de conquista. É uma briga, como se a natureza fosse sua inimiga e você precisasse dominá-la. A ciência é uma política contra a natureza, uma profunda guerra, uma inimizade. O Tao não é uma luta; na verdade, ele faz entender que você é parte da natureza. Como a parte pode lutar contra o todo? E, se a parte tentar lutar contra o todo e for dominada pela ansiedade, o que você pode esperar? Se a parte tentar lutar contra o todo, se a minha mão tentar lutar contra todo o meu corpo, é natural que a mão fique doente. Como a mão pode lutar contra o corpo? O corpo supre a mão com sangue, com nutrientes, e como ela pode lutar contra o corpo? A mão lutando contra o corpo? Isso é tolice.

É tolice o ser humano lutar contra a natureza; você só pode viver em harmonia com a natureza. O Tao é entrega, a ciência é guerra. A ciência fortalece o ego, e todo o problema é como abandonar o ego; por meio do esforço ele não pode ser abandonado.

Assim, lembre-se disto:

Quando o tipo mais elevado de pessoa ouve o Tao, tenta arduamente viver de acordo com ele.

Esse é o primeiro ponto de vista. Uma vez que essas pessoas entendam, ouçam, sintam, saboreiem, tenham afinidade com ele, elas começam o árduo esforço para viver de acordo. Mas, aos poucos, à medida que crescem nisso, começam a entender que o esforço não é necessário, e sim o estado de ausência de esforço. No final, elas abandonam o esforço e se tornam uma coisa só com a natureza.

Alguém perguntou a Lao Tzu: "Como você chegou lá?"

Ele respondeu: "Eu estava sentado sob uma árvore e tinha feito tudo o que poderia ser feito, tudo o que era humanamente possível, e estava completamente frustrado. Muita coisa aconteceu por meio disso, mas não tudo; algo estava faltando, algo estava ausente, e o elo que faltava era o mais difícil de encontrar. Então, enquanto eu estava sentado sob a árvore, uma folha seca caiu lentamente da árvore e foi levada pelo vento. O vento estava indo para o norte e a

A FOLHA CAI E FICA PARADA ALI

Se a História fosse escrita corretamente, então deveria haver dois tipos de História: a dos realizadores, como Genghis Khan, Tamerlane, Nadirshah, Alexandre, Napoleão Bonaparte, Ivan o Terrível, Joseph Stalin, Adolf Hitler, Benito Mussolini... essas são as pessoas que pertencem ao mundo do fazer. E deveria haver uma outra História, uma História mais elevada, uma História real, a da consciência humana, da evolução humana: a de Lao Tzu, Chuang Tzu, Lieh Tzu, Gautama Buda, Mahavira, Bodhidharma, que é de um tipo totalmente diferente.

Lao Tzu se iluminou sentado sob uma árvore. Uma folha tinha começado a cair; era outono e não havia pressa para cair; a folha estava caindo lentamente em ziguezague, com o vento, e ele a observou. A folha caiu no chão e ficou parada ali, e à medida que ele observava a folha cair e se acomodar no chão, algo se acomodou nele.

A partir desse momento, ele deixou de ser um "realizador". Os ventos sopram por conta própria e a existência toma conta.

Ele era contemporâneo de um grande pensador, moralista e legislador, Confúcio, que pertence à outra História, a dos realizadores. Confúcio tinha grande influência sobre a China e tem até hoje.

Chuang Tzu e Lieh Tzu eram discípulos de Lao Tzu. Essas três pessoas atingiram os cumes mais elevados, mas ninguém parece se impressionar com elas. As pessoas ficam impressionadas quando você faz algo grandioso, e quem fica impressionado por alguém que atingiu um estado de não-fazer?

folha foi levada para o norte; então o vento mudou de curso e começou a soprar para o sul, e a folha começou a ser levada para o sul; então o vento parou, e a folha caiu no chão sem nenhuma queixa, sem nenhuma luta de sua parte, sem nenhuma direção própria. Se o vento fosse para o sul, ela ia para o sul; se o vento fosse para o norte, ela ia para o norte; se o vento parasse, ela se deixava cair na terra e descansava serenamente.

"Então, novamente, o vento soprou e de novo a folha se deixou levar para o céu; não havia nenhum problema. De repente eu entendi, a mensagem foi transmitida. A partir desse dia, tornei-me uma folha seca, e o elo que faltava, que era tão esquivo, deixou de ser esquivo. O elo que faltava era apenas este: você pode atingir muitas coisas por meio do esforço, mas não pode atingir o Tao por meio do esforço. No final, você precisa abandonar o esforço, e de repente tudo se ajusta e você fica em harmonia. Então você não direciona, deixa de ser um diretor e não diz aos ventos: vá para o sul, pois estou numa jornada em direção ao sul. Então você não tem nenhum destino, e o destino do todo é o seu destino; então você não está separado e não pensa em termos de individualidade; você se tornou parte do todo e, aonde o todo estiver indo, você estará indo. Se o todo mudar de idéia, você mudará de idéia; se o todo interromper a jornada, isso é belo; se o todo correr, você correrá com ele. Viver 'de acordo' significa isso."

Sem nenhuma idéia própria, quando você se torna uma não-mente, o todo vive por meio de você, vive você, move-se por meio de você, move você. Agora você não respira, o todo respira você, e tudo é uma bênção, é uma graça. Como então você pode ficar tenso? Você pode ficar preocupado com o quê? Todas as preocupações existem porque você imaginou um destino individual na sua mente que se contrapõe ao destino do todo; você está seguindo contra a corrente.

Este é todo o segredo do seu fracasso: você está seguindo contra a corrente. Então você fica preocupado, tenso, angustiado, ansioso, praticamente enlouquecido; qualquer um enlouquecerá se for contra a corrente, pois a luta é muito árdua e sem sentido. E um dia você se sentirá cansado, e isso parecerá uma frustração, um fracasso. O sábio abandona essa tolice de seguir contra a corrente e simplesmente deixa que o rio o leve para onde ele estiver indo. Se ele estiver indo a algum lugar, bom; se não estiver indo a lugar nenhum, bom.

De repente, você fica sereno e silencioso. Então, e nunca antes, a meditação verdadeira acontece e todo o esforço é abandonado. Mas primeiro você precisa fazer o esforço; do contrário, nunca entenderá que ele precisa ser abandonado.

Quando o tipo medíocre ouve o Tao, parece estar consciente e, ainda assim, está inconsciente dele.

A mente medíocre é isto: um pouco consciente. Um pouco de entendimento e um pouco de não entendimento; uma pequena parte com luz e uma pequena parte no escuro, dividida. Estar dividido é ser medíocre; estar dividido contra si mesmo é ser medíocre, pois isso dissipa a sua energia e nunca pode permitir que você tenha uma existência transbordante e cheia de celebração. Se você estiver tentando criar uma luta entre a sua mão direita e a sua mão esquerda, como poderá ser feliz? A própria luta o matará e nada resultará disso, pois como a esquerda ganhará ou como a direita ganhará? Ambas as mãos são suas.

Qualquer tipo de conflito interior o torna medíocre, e aqueles que ensinam você a ser

dividido são seus inimigos. Eles dizem: "Isto é ruim e aquilo é bom", e imediatamente entra a divisão. Eles dizem: "Isto é inferior e aquilo é superior".

Imediatamente entra a divisão. Eles dizem: "Isto é pecado e aquilo é virtude" e imediatamente entra a divisão; você fica fendido. Toda a humanidade é esquizofrênica e todos se tornaram medíocres.

Ser um só é ser bem-aventurado, estar dividido é ser infeliz; ser um só é estar no paraíso, estar dividido é estar no inferno. Quanto mais dividido, maior será o inferno; e você é uma multidão, e não somente dois, mas muitos. Os psicólogos dizem que o ser humano se tornou polipsíquico: agora ele não tem uma mente apenas, mas muitas mentes. Você também tem muitas mentes em pequenos assuntos... comer isso ou aquilo. Num restaurante, ao olhar o cardápio, você é polipsíquico: pedir isto ou aquilo? É como se você tivesse perdido toda a possibilidade de ser decidido, porque você só pode ser decidido se for um só, uma unidade.

Como você pode ser decidido? Quando uma voz diz isto, uma outra imediatamente contradiz e diz aquilo; uma voz diz para ir em direção ao oeste, uma outra diz para ir em direção ao leste. Se você for puxado contra si mesmo em muitas direções, toda a sua vida será apenas um triste fracasso, uma longa história de frustração e nada mais; "uma história contada por um idiota, cheia de violência e de barulho, sem nada significar".

O significado só é possível quando há um uníssono dentro de você. O tipo mais elevado de pessoa pode atingir a unidade, o tipo mais inferior também pode atingir um certo tipo de unidade, mas o tipo medíocre, o "do meio", está no maior perigo.

Você pode perceber pessoas sábias como Buda ou Lao Tzu em unidade; um estado de plenitude as envolve, elas se movem circundadas por um êxtase sutil. Se você olhar para elas, poderá perceber que elas estão inebriadas com o divino, que elas caminham sobre a terra mas não são daqui. Às vezes você também pode sentir o mesmo tipo de vibração em torno de um idiota; uma certa inocência o envolve... Ele ri, e você pode ter um vislumbre do sábio no idiota, pois ele também é um só. Ele não é um sábio, não atingiu nada, mas pelo menos não está dividido.

O sábio foi além da mente, o idiota está abaixo da mente. Eles são iguais numa coisa: nenhum dos dois está na mente. Existem grandes diferenças, mas há também essa semelhança. Assim, se você não entender, um sábio pode às vezes parecer um idiota, e, às vezes, na sua ignorância, você pode venerar um idiota como um sábio. Encontrei muitos idiotas sendo venerados; eles têm uma certa qualidade, pelo menos são um só. Eles não têm muita mente; na verdade, absolutamente não têm mente, não têm pensamentos.

Vivi numa cidade durante muitos anos e, próximo a essa cidade, havia um santo muito famoso, e pessoas costumavam chegar de toda a Índia para vê-lo. Ele era um perfeito idiota, mas tinha uma certa beleza à sua volta — nenhuma ansiedade, nenhum problema. Alguns problemas teriam existido para ele; mas porque as pessoas começaram a venerá-lo, mesmo esses problemas deixaram de existir. As pessoas levavam comida e outras coisas para ele, e assim até os problemas de sobrevivência não existiam — chegaram até a fazer uma bela casa para ele.

E, se você o observasse, poderia perceber que ele não entendia nada. Fui ver esse homem muitas vezes e o observei de perto. Ele tinha problemas mentais e não podia pronunciar uma única palavra, mas as pessoas achavam que ele tinha feito um voto de silêncio por toda a vida.

SER INÚTIL

Lao Tzu estava caminhando com seus discípulos e eles chegaram a uma floresta onde centenas de pessoas estavam cortando árvores, pois um grande palácio estava sendo construído. Assim, praticamente toda a floresta tinha sido cortada, mas apenas uma árvore estava em pé, uma grande árvore com milhares de galhos, tão grande que dez mil pessoas podiam se sentar à sua sombra. Lao Tzu pediu aos discípulos para perguntar por que aquela árvore não havia sido cortada, enquanto toda a floresta viera abaixo.

Os discípulos foram e perguntaram: "Por que vocês não cortaram aquela árvore?"

Eles disseram: "Aquela árvore é absolutamente inútil. Não se pode fazer nada com ela porque todos os galhos têm muitos nós e não tem nenhum galho reto nela. Não se pode fazer colunas a partir dela, não se pode fazer móveis com ela, não se pode usá-la para queimar porque sua fumaça é muito perigosa para os olhos, que ficam praticamente cegos com ela. Aquela árvore é absolutamente inútil, e é por isso que não a cortamos".

Os discípulos voltaram a Lao Tzu, que riu e disse: "Sejam como essa árvore. Se vocês quiserem sobreviver neste mundo, sejam como essa árvore, absolutamente inúteis. Então ninguém os prejudicará. Se vocês forem retos, serão cortados e se tornarão móveis na casa de alguém. Se vocês forem belos, serão vendidos no mercado e se tornarão uma mercadoria. Sejam como essa árvore, absolutamente inúteis. Então ninguém poderá prejudicá-los e vocês crescerão grandes e vastos e milhares de pessoas poderão encontrar sombra debaixo de vocês".

道

> *"Eu posso lhe dar a flor, mas como posso lhe dar a fragrância? Você precisa limpar o nariz, ficar mais sensível."*

Não havia nenhum brilho de lucidez em seus olhos, mas mesmo assim havia semelhanças. As pessoas foram enganadas muitas vezes; é claro, esses pobres idiotas não podem enganá-lo, mas é a sua própria credulidade: você é enganado por si mesmo. E muitas vezes aconteceu de almas muito raras serem consideradas idiotas, porque outra vez as pessoas percebiam que estava acontecendo algo parecido com o que se dá com os idiotas.

O idiota é uma parte, o ser sobre-humano é uma parte; e existe ainda a parte intermediária, a medíocre, que é a maior parte do mundo.

"A parte medíocre", diz Lao Tzu, "parece estar consciente e, ainda assim, está inconsciente dele". Se você fala sobre a verdade, a mente medíocre a entende intelectualmente, mas não totalmente. Ela diz: "Sim, posso entender o que você está dizendo, mas ainda assim não compreendo alguma coisa. O que você quer dizer?" A palavra é ouvida, mas o significado lhe escapa; ela percebe que pode entender intelectualmente; ela é uma pessoa instruída, pode ser formada em alguma faculdade, até com doutorado. Ela entende o que você está dizendo porque entende a linguagem, mas sente que deixou escapar algo. Ela entende a palavra, mas a palavra não é a mensagem. A mensagem é algo sutil; ela pode vir com a palavra, mas não é a palavra.

A palavra é como uma flor; o significado é como uma fragrância que a circunda. Se o seu olfato não estiver funcionando muito bem, eu posso lhe dar uma flor, mas não posso lhe dar a fragrância. Se a sua mente não estiver funcionando totalmente, eu posso lhe dar a palavra, mas não o significado, porque o significado precisa ser detectado por você, decodificado por você. Eu posso lhe dar a flor porque isso não é problema; mas, como posso lhe dar a fragrância? Se o seu olfato não estiver funcionando, se ele estiver insensível, então nada poderá ser feito; posso lhe dar mil e uma flores, mas você não sentirá a fragrância.

Muitas pessoas me procuram e dizem: "Entendemos tudo o que você diz, mas nada acontece. Entendemos tudo o que você disse, lemos muitos dos seus livros, muitas vezes, sublinhamos quase todas as linhas, mas nada está acontecendo".

Eu posso lhe dar a flor, mas como posso lhe dar a fragrância? Você precisa limpar o nariz, precisa ficar mais sensível, e é então que a meditação pode ser proveitosa, pois o deixa mais sensível e mais alerta. Ela o empurra em direção ao primeiro tipo, e, aos poucos, você começa a sentir, e não apenas a entender. A sensibilidade é necessária, e eu não quero dizer com isso que você deva se tornar sentimental, não. Sentimentalismo não é sensibilidade, mas uma moeda falsa. Há pessoas que podem chorar e se lamentar por qualquer coisa e acham que são do tipo que sente, mas não são. Elas são sentimentais, e sentimentalismo não é sensibilidade.

A sensibilidade é uma qualidade muito madura; o sentimentalismo é uma qualidade muito imatura. Uma pessoa de sensibilidade fará alguma coisa; uma pessoa sentimental criará até mais problemas. Por exemplo, se alguém estiver enfermo ou estiver morrendo, a pessoa de sensibilidade irá ao hospital e tentará ajudar aquele

que está morrendo; mas a pessoa sentimental começará a chorar e a se lamentar, criando mais problemas para a pessoa que está morrendo, sem mesmo permitir que ela morra em silêncio. O sentimentalismo é um caos, a sensibilidade é um crescimento substancial. Quando eu falo sobre o amor, se você tiver sensibilidade, então não apenas a sua cabeça entende, mas o seu coração começa a pulsar de um modo diferente, e então a fragrância chega até você.

A meditação pode ajudá-lo porque jogará fora toda a poeira e a sujeira que você acumulou dentro de você, tudo o que está bloqueando a sua sensibilidade. As portas da sua percepção estão cobertas de sujeira. Você gostaria de ver corretamente, mas há tantas lágrimas reprimidas que elas não permitirão que você tenha uma visão límpida. Você gostaria de sentir o aroma de uma flor, mas não pode, porque toda a civilização reprimiu o olfato. Você pode não estar ciente de que o nariz é a parte mais reprimida do seu corpo. O ser humano perdeu o olfato quase por completo.

Até cavalos e cães são mais sensíveis do que o ser humano. O que está acontecendo com o olfato do ser humano? Por que ele está praticamente morto? Há um mecanismo sutil funcionando por trás disso, pois o olfato está profundamente relacionado e conectado com o sexo. Você já viu animais se cheirando antes de cruzar? Eles nunca cruzam a menos que se cheirem, pois por meio do olfato sentem se a energia de seus corpos se fundirá ou não, se eles terão afinidade ou não. Esse cheirar é um tipo de antena. O cachorro cheira a cadela e, se ela se ajusta à sua sensibilidade e ao seu senso olfativo, só então ele se empenha; senão, eles se separam. Ele não fica nem um pouco preocupado, o contato acaba ali. Aquela fêmea não é para ele e ele não é para ela.

O olfato é o sentido mais sexual do corpo e, quando a civilização decidiu reprimir o sexo, automaticamente também decidiu reprimir o olfato. Sempre que uma mulher quer fazer amor, subitamente começa a emitir aromas sutis à sua volta, e isso seria perigoso em um mundo civilizado em que o sexo não é aceito. Se você caminhasse na rua com a sua esposa e, se ela olhasse para um outro homem e começasse a emitir o aroma, você saberia imediatamente! Então a sua esposa não poderia enganá-lo, não poderia dizer que nem sequer olhou para o homem. Mas como as coisas são agora, a própria esposa não pode saber que o corpo dela está liberando um certo odor, nem o homem por quem ela ficou atraída pode saber. Seu olfato está completamente insensível; você não cheira, e dessa maneira as coisas continuam em ordem e não surge nenhum problema.

Assim, se você realmente quiser cheirar uma flor, se quiser não apenas carregar a flor mas também desfrutar sua fragrância, então precisará chegar a um estado mais natural de sexualidade não reprimida; do contrário, não será possível. E, se todos os seus cinco sentidos estiverem cobertos de poeira e sujeira e estiverem reprimidos, eles farão uma mente medíocre, pois a mente nada mais é do que um reservatório coletivo de todos os cinco sentidos. Então você é medíocre; você pode ficar cada vez mais erudito, mas continuará sendo um tolo, pois não estará vivo.

Você observou o fenômeno de que os eruditos são as pessoas mais sem vida que existem? Os professores e os eruditos são pessoas mortas! Elas não vêem, não cheiram, não saboreiam; estão praticamente mortas, todos os seus sentidos estão mortos e apenas a cabeça funciona, e funciona sozinha, sem nenhum apoio do corpo. Se você cortar fora o corpo delas, não ficarão preocupadas; apenas não lhes perturbe a cabeça! Pelo contrário, elas ficarão muito felizes se a cabeça puder funcionar sem o corpo, pois assim poderão continuar em suas viagens intelectuais sem que o corpo lhes crie nenhum problema; nenhuma doença as incomodará, nenhuma fome as incomodará.

O erudito nem entra em contato com a própria fome, pois vive na cabeça. Os eruditos são sempre medíocres, perfeitos medíocres; o problema do medíocre é que ele entende, e isso o engana, pois ele acha que entende e o assunto fica encerrado. Mas ele não entende nada e continua inconsciente; seu entendimento é apenas da cabeça, e não de todo o seu ser. E, a menos que o entendimento seja de todo o ser, ele absolutamente não é entendimento. O entendimento intelectual não é, de modo algum, entendimento, mas uma denominação imprópria.

Quando o tipo mais inferior ouve o Tao, irrompe numa sonora gargalhada.

O tipo mais inferior acha que essa verdade, que esse Tao, é algum tipo de piada. Ele é tão superficial que nada que diga respeito ao profundo tem atrativo para ele, e a risada é uma proteção. Quando a pessoa superficial, o tipo inferior, ouve dizer sobre a verdade, ela ri porque você está parecendo engraçado. Ela está convencida de que não existe verdade nenhuma, de que nada como a verdade existe, de que se trata apenas de uma invenção de pessoas ladinas para explorar outras pessoas. Ela dá uma sonora risada, e essa risada é uma proteção, porque ela também está com medo, com medo de que a coisa possa existir. Por meio da risada, ela descarta, joga fora a idéia. Por meio da risada, ela mostra seu escárnio, sua condenação e diz que tudo aquilo é tolice; no máximo, pode-se rir da idéia, e nada mais do que isso. Pode-se encontrar o tipo inferior em todos os lugares, e, se ele encontrar Lao Tzu, rirá e dirá que esse homem enlouqueceu, que mais uma pessoa se perdeu.

Se uma pessoa do tipo inferior vir você meditando, ela rirá e achará que você parece um tanto excêntrico. O que você está fazendo, por que está desperdiçando o seu tempo? Se ela puder rir, poderá se sentir muito bem consigo mesma por não ser tão maluca e tola como os praticantes de meditação.

Lao Tzu diz:

... se ele não fosse digno de riso, não seria o Tao.

Ele diz: *Se o terceiro tipo não rir quando ouvir falar sobre a verdade, ela não será a verdade.* Dessa maneira, esta é uma indicação definitiva: sempre que a verdade é declarada, o tipo inferior imediatamente rirá. Isso por certo mostra duas coisas: que a verdade foi declarada e que o tipo inferior a ouviu. Entre a verdade e o terceiro tipo de pessoa, o tipo inferior, acontece a risada; entre o medíocre e a verdade, acontece um tipo intelectual de compreensão; entre o primeiro tipo e a verdade, acontece uma profunda compreensão de seu ser como um todo. Esse ser total pulsa com a aventura desconhecida, uma porta se abre e ele entra em um novo mundo.

LAO TZU E CONFÚCIO

Conta-se que Confúcio foi ver Lao Tzu. Lao Tzu era velho e praticamente desconhecido, e Confúcio era mais jovem e conhecido praticamente no mundo todo. Reis e imperadores costumavam chamar Confúcio para se apresentar na corte, sábios costumavam procurá-lo para receber conselhos; naqueles dias, ele era a pessoa mais sábia da China. Aos poucos ele deve ter sentido que, embora sua sabedoria pudesse ser de utilidade para os outros, ele não era bem-aventurado e não atingira coisa alguma. Ele se tornou um especialista, talvez em ajudar os outros, mas não em ajudar a si mesmo.

Assim, ele começou uma busca secreta para encontrar alguém que pudesse ajudá-lo. Sábios comuns não serviriam, pois eles costumavam procurá-lo para pedir conselhos; grandes eruditos não adiantariam, pois eles costumavam procurá-lo para falar de seus problemas. Mas devia haver alguém em algum lugar, pois a vida é muito ampla. Ele começou uma busca secreta e enviou seus discípulos para procurarem alguém que poderia ser de ajuda para ele, e eles voltaram com a informação de que havia um homem cujo nome ninguém sabia, mas que era conhecido como "O Velho Camarada".

Lao Tzu significa "O Velho Camarada". Esse não é o nome dele, ninguém sabe o nome dele. Ele era uma pessoa tão desconhecida que ninguém sabia quando tinha nascido e quem era o pai e a mãe dele. Ele viveu noventa anos, mas apenas raros seres humanos o encontraram, muito raros, pessoas que tinham visões e perspectivas diferentes a ponto de entendê-lo. Ele existia apenas para os mais raros; uma pessoa tão comum, mas apenas para as mentes humanas mais raras.

Ao ouvir a notícia de que existia um homem conhecido como "O Velho Camarada", Confúcio foi vê-lo. Quando ele encontrou Lao Tzu, pôde sentir que havia ali um homem de grande compreensão, de grande integridade intelectual, de grande sagacidade lógica, um gênio; ele pôde perceber que havia alguma coisa ali, mas não conseguiu captar o quê. Vaga e misteriosamente havia algo ali; esse homem não era uma pessoa comum, embora parecesse absolutamente comum. Algo estava oculto; ele estava carregando um tesouro.

Confúcio perguntou: "O que o senhor tem a dizer sobre a moralidade? O que o senhor tem a dizer sobre como cultivar um bom caráter?" Pois Confúcio era moralista e achava que a maior conquista era cultivar um bom caráter.

Lao Tzu riu alto e disse: "Se você for imoral, só então surgirá a questão da moralidade. Se você não tiver nenhum caráter, só então pensará em caráter. Uma pessoa de caráter está absolutamente alheia ao fato de que existe algo como o caráter. Uma pessoa que tem moral não sabe o que a palavra 'moral' significa. Assim, não seja tolo! E não tente cultivar nada; simplesmente seja natural".

O homem tinha tamanha energia que Confúcio começou a tremer. Ele não conseguiu tolerá-lo e fugiu. Confúcio ficou com medo como se estivesse à beira de um abismo. Quando ele voltou a seus discípulos, que esperavam do lado de fora sob uma árvore, eles não puderam acreditar... Aquele homem tinha ido a imperadores, ao maior dos imperadores, e nunca viram nenhum nervosismo nele. E agora ele estava tremendo e um suor frio cobria todo o seu corpo. Eles não puderam acreditar. O que acontecera; o que esse homem, Lao Tzu, fizera com o mestre

deles? Eles lhe perguntaram, e Confúcio respondeu: "Esperem um pouco. Deixem que eu me recomponha. Esse homem é perigoso".

Confúcio disse aos discípulos: "Ouvi falar de grandes animais como elefantes, e eu sei como eles caminham; ouvi falar de animais ocultos no oceano, e eu sei como eles nadam; ouvi falar de grandes pássaros que voam milhares de quilômetros pela terra, e eu sei como eles voam. Mas esse homem é um dragão, e ninguém sabe como ele caminha, como ele vive, como ele voa. Nunca se aproximem dele; ele é como um abismo, como a morte".

E esta é a definição de um Mestre: um mestre é como a morte. Se você se aproximar dele, se chegar muito perto, ficará com medo, um tremor tomará conta de você, você será possuído por um medo desconhecido, como se você fosse morrer. Conta-se que Confúcio nunca mais foi ver aquele velho.

PARTE TRÊS

chuang tzu:

natural e simples

Chuang Tzu foi um dos homens mais naturais que o mundo já viu. Ele não criou nenhuma disciplina ou doutrina, nem fez nenhuma catequese; ele simplesmente explicou uma coisa: se puder ser natural e simples, como os pássaros e as árvores, você florescerá e terá suas asas abertas no vasto céu.

道

o fácil é o certo

Chuang Tzu diz:

O fácil é o certo.

Comece certo e você estará sendo natural; continue natural e você estará certo.

O caminho certo para seguir facilmente é se esquecer do caminho certo

e se esquecer de que o seguir é fácil.

O FÁCIL É O CERTO. Ninguém jamais ousou dizer isso; pelo contrário, as pessoas tornam o "certo" o mais difícil possível. Para todos os que foram condicionados por diferentes tradições, o errado é fácil e o certo é árduo. É preciso treinamento, disciplina, repressão, renúncia ao mundo, renúncia aos prazeres...

As mentiras são fáceis, a verdade é difícil — este é o condicionamento comum da humanidade.

Mas Chuang Tzu certamente é um homem de imenso discernimento. Ele diz: *O fácil é o certo.*

> *"O estado de consciência é assim como o gato: mesmo quando está dormindo, está alerta."*

Então, por que as pessoas têm tornado o certo tão difícil? Todos os seus santos tornaram o certo muito difícil, e há uma psicologia por trás disso: apenas o difícil é atraente para o seu ego. Quanto mais difícil a tarefa, mais o ego se sentirá desafiado.

Escalar o Everest era difícil; antes de Edmund Hillary ter chegado vivo ao topo, centenas de pessoas morreram na tentativa. Por todo um século, grupos e mais grupos de alpinistas se empenharam, e, quando Edmund Hillary chegou ao topo, não havia nada a ser encontrado! No ponto culminante, nem mesmo há espaço suficiente... apenas uma pessoa pode ficar em pé ali. Perguntaram a ele: "O que o estimulou? Sabendo perfeitamente bem que dezenas de alpinistas perderam a vida ao longo de todos esses anos, e os corpos deles nem foram encontrados... por que você tentou realizar esse projeto perigoso?"

Ele respondeu: "Eu precisava tentar, pois isso estava ferindo o meu ego. Sou alpinista, adoro escalar montanhas, e era humilhante o fato de o Everest existir e ninguém

ser capaz de chegar ao cume. Não é uma questão de encontrar alguma coisa... Eu me sinto imensamente feliz".

O que é essa felicidade? Você não encontrou nada! A felicidade é que o seu ego ficou mais cristalizado. Você é a primeira pessoa em toda a História que chegou ao ponto culminante do Everest; agora ninguém pode tirar o seu lugar; qualquer um que chegar lá será o segundo, o terceiro... mas você deixou a sua marca na História; você é o primeiro. Você não encontrou nada, mas um profundo alimento para o seu ego.

Todas as religiões tornam o certo difícil porque o difícil é atraente, atraente para o ego. Mas o ego não é a verdade, não é o certo. Você percebe o dilema? O ego só é atraído pelo difícil. Se você quiser que as pessoas sejam santas, precisará tornar muito difícil o seu certo, a sua verdade, a sua disciplina. Quanto mais difícil, mais as pessoas egóicas serão atraídas, serão praticamente puxadas como que por um ímã.

Mas o ego não está certo; ele é a pior coisa que pode acontecer a uma pessoa, e não pode lhe entregar o certo, a verdade, mas apenas fortalecer-se mais. Em uma simples afirmação, Chuang Tzu está fazendo a afirmação mais fecunda: *O fácil é o certo*. Porque o ego não sente atração pelo fácil. Se você estiver se movendo na direção do fácil, o ego começará a morrer; e, quando não sobrar nenhum ego, você chegará à sua realidade, ao certo, à verdade.

E a verdade e o certo precisam ser naturais. Fácil significa natural; você pode encontrar o real e o verdadeiro sem esforço. "O fácil é o certo" significa que o *natural* é o certo, que a *ausência de esforço* é o certo, que a *ausência de ego* é o certo.

Comece certo e você estará sendo natural; continue natural e você estará certo.

Esses são os dois lados da mesma moeda. Se, ao começar a viver uma vida certa, você descobrir que ela está difícil, então lembre-se: ela não está certa. Se, ao viver o certo, sua vida se tornar cada vez mais fácil, cada vez um deixar acontecer, um fluir com a corrente...

É difícil ir contra a corrente, mas seguir com a corrente não é difícil. Assim, escolha as coisas mais fáceis da vida, as coisas mais naturais da vida, e você estará certo; ou, se você quiser começar da outra maneira, lembre-se do critério de que o certo precisa produzir a facilidade em você, o estado de relaxamento em você.

Continue natural e você estará certo. Nem por um momento se esqueça de que o difícil é

alimento para o ego e que o ego é a barreira que o torna cego, que o torna surdo, que torna o seu coração difícil de abrir, que faz com que amar, dançar e cantar sejam impossíveis para você.

Continue no fácil. Toda a sua vida deve ser um fenômeno fácil, e então você não estará criando o ego. Você será um ser natural, apenas ordinário, comum. E o ordinário é o mais extraordinário. As pessoas que estão tentando ser extraordinárias não entenderam nada. Seja simplesmente uma pessoa comum, seja simplesmente um joão-ninguém.

Mas todos os seus condicionamentos são tão corruptos; eles o corrompem. Eles dizem: estar no fácil é ser preguiçoso, ser normal é humilhante. Se você não tentar ter poder, prestígio ou respeitabilidade, sua vida não terá sentido; isso foi forçado a entrar na sua mente.

Com essas simples afirmações, Chuang Tzu está tirando todos os seus condicionamentos. Continue natural e você estará certo. Nunca, nem por um momento, sinta-se atraído pelo difícil. O difícil fará de você "alguém", um primeiro-ministro, um presidente, mas não o tornará divino. O fácil é divino.

Ouvi falar sobre um americano muito rico. Durante toda a vida ele tentou estar no topo, e ele chegou lá e tinha todas as coisas que o mundo pode oferecer. Mas, por dentro, ele se sentia um idiota, pois não havia nada no topo.

Se Edmund Hillary era suficientemente inteligente, deve ter se sentido um idiota ao chegar no topo do Everest. Por que ele lutou tanto? O homem que caminhou na Lua deve ter se sentido um pouco constrangido, embora não houvesse ninguém que pudesse ver o rosto dele. No que se refere a dinheiro, esse homem chegara ao topo e, no que se refere ao que o dinheiro pode comprar, ele tinha

NÃO HÁ COMO

Conta-se que, na primeira vez em que Chuang Tzu entrou na cabana em que vivia seu futuro mestre, Lao Tzu, este olhou para Chuang Tzu e disse: "Lembre-se de uma coisa, nunca me pergunte como ficar iluminado". O pobre sujeito tinha ido até ele justamente com esse propósito. Mas Lao Tzu deixou bem claro: "Somente sob essa condição é que eu o aceitarei como discípulo".

Houve um momento de silêncio. Chuang Tzu pensou: "Estranho. Vim para me iluminar, e esse é o verdadeiro propósito de ser um discípulo. E esse velho camarada, tão belo e tão gracioso, está pedindo uma coisa muito absurda: se quiser ser meu discípulo, prometa-me que nunca perguntará nada sobre como ficar iluminado".

Mas era tarde demais, pois ele já estava sentindo amor pelo velho. Chuang Tzu tocou os pés de Lao Tzu e disse: "Prometo que nunca perguntarei como me tornar iluminado, mas aceite-me como seu discípulo".

No mesmo instante ele sentiu uma forte bofetada. "Seu idiota! Se não for para você se iluminar, para que você está se tornando um discípulo? Exigi de você essa resposta porque pude reconhecer em você uma grande inteligência que poderia imediatamente perceber o motivo do meu pedido. Você é iluminado; não há como se tornar iluminado, não há necessidade. Na verdade, mesmo se você quiser ser não-iluminado, não há como."

comprado tudo. Agora ele estava se sentindo um idiota.

"Qual é o sentido disso tudo?" Ele se sentia vazio por dentro, pois não tinha tempo para seu crescimento interior nem para conhecer a si mesmo.

Ele abandonou todas as suas riquezas e foi para o Oriente descobrir a verdade, porque três quartos de sua vida tinham praticamente ficado para trás. Mas, se alguma coisa fosse possível, ele ainda tinha alguns dias de vida para tentar. Ele correu de mestre em mestre, mas ninguém conseguiu satisfazê-lo, porque tudo o que eles diziam correspondia a uma outra viagem do ego, e ele já conhecia muito bem essa viagem.

Não importa se você está acumulando dinheiro ou virtudes, se está ficando respeitável aqui ou respeitável no outro mundo; não importa, o jogo é o mesmo. Não faz diferença se você está se tornando uma celebridade mundialmente famosa ou um santo venerado mundialmente; ambos são viagens do ego.

E todos aqueles gurus estavam tentando lhe ensinar disciplinas difíceis e caminhos árduos para encontrar a verdade; todos eles estavam dizendo: "Pode não ser possível nesta vida, mas mesmo assim comece. Talvez na próxima vida... A jornada é longa, o objetivo é uma estrela distante".

Mas agora ninguém podia enganá-lo. Ele havia entendido que "tornar-se alguém especial" é um exercício de burrice.

Finalmente, ele ouviu falar de um santo que vivia no Himalaia; as pessoas diziam: "Se você não ficar satisfeito com ele, não ficará satisfeito com ninguém; então se esqueça de tudo".

Assim, cansado e maltrapilho, ele caminhou quilômetros e acabou encontrando o ancião; ficou muito feliz por vê-lo, mas ficou chocado. Antes que pudesse dizer alguma coisa, o ancião perguntou: "Você é americano?"

Ele respondeu: "Sim, sou".

O ancião disse: "Muito bom! Você tem cigarros americanos com você?"

O homem exclamou: "Meu Deus, onde fui parar? Vim procurar a verdade, encontrar o certo..." Ele ofereceu os cigarros, o ancião pegou um e começou a fumar.

O americano comentou: "O senhor nem me perguntou por que vim aqui, cansado, faminto..."

O ancião disse: "Isso não importa".

O americano afirmou: "Vim para encontrar a verdade!"

O ancião disse: "Verdade? Faça uma coisa: volte para o lugar de onde você veio. E na próxima vez que vier, traga muitos cigarros americanos, pois neste lugar é muito difícil arranjá-los. Sou uma pessoa sem preocupações, não me esforço para fazer nada; as pessoas vêm por conta própria, mas gosto dos melhores cigarros".

E o homem perguntou: "Mas e a minha busca?"

O ancião respondeu: "Sua busca? Esta é a disciplina para você: volte, compre tantos cigarros quanto puder, retorne e fique aqui comigo".

O homem perguntou: "E a disciplina?"

O ancião disse: "Sou uma pessoa simples; nenhuma disciplina, nenhuma religião, nenhuma filosofia, apenas gosto de fumar. Venha aqui e, lentamente, também se tornará tão simples quanto eu. E eu lhe digo: ser simples, sem nenhuma pretensão, é o certo".

E, quando o homem se voltou para ir embora, perplexo, o ancião disse: "Escute, pelo menos deixe o seu relógio aqui, porque não

tenho nenhum e nunca sei que horas são. E você está voltando e pode comprar outro relógio".

Chuang Tzu teria gostado desse velho.

O fácil é o certo. Comece certo e você estará sendo natural. Esse precisa ser o critério. Se você se sente pouco à vontade e tenso, então o que você começou não pode estar certo.

Continue natural e você estará certo.

E a última parte nunca deve ser esquecida. *O caminho certo para seguir facilmente é se esquecer do caminho certo* — porque até se lembrar disso é um incômodo. *O caminho certo para seguir facilmente é se esquecer do caminho certo e se esquecer de que o seguir é fácil.* Qual é a necessidade de se lembrar dessas coisas?

Relaxe a um tal ponto... seja tão natural quanto as árvores e os pássaros. Ao olhar os pássaros, você não acha que um é santo e outro é pecador; ao olhar as árvores, você não acha que uma é virtuosa e a outra está cheia de maus hábitos. Tudo é natural, tão natural que você nem precisa se lembrar disso.

Chuang Tzu foi um dos homens mais naturais que o mundo já viu. Ele não criou nenhuma disciplina ou doutrina, nem fez nenhuma catequese; ele simplesmente explicou uma coisa: se puder ser natural e simples, como os pássaros e as árvores, você florescerá e terá suas asas abertas no vasto céu.

Você não precisa ser santo. Os santos são muito tensos, mais tensos do que os pecadores. Conheci os dois e, se tivesse de escolher, eu escolheria os pecadores como companhia, e não os santos. Os santos são as piores companhias que existem, pois seus olhos estão cheios de julgamentos sobre tudo: "Você deveria fazer isso e não aquilo". E eles começam a dominar você, a condená-lo, a humilhá-lo, a insultá-lo, porque o que eles estão fazendo é certo e o que você está fazendo não é certo. Eles envenenaram tão cruelmente a sua natureza que, se procurássemos criminosos de verdade, eles seriam encontrados entre os santos e não entre os pecadores. Os pecadores não fizeram muito mal às pessoas.

Visitei prisões, encontrei criminosos e fiquei surpreso ao ver que, muitas vezes, eles eram as pessoas mais inocentes. Talvez por serem as mais inocentes é que foram pegas; os espertos estão fazendo crimes muito maiores, mas não são pegos. Todas as leis têm brechas, e os espertos encontram primeiro as brechas; os inocentes são pegos porque não têm essa esperteza.

Estamos vivendo em um mundo muito estranho. Os criminosos é que ditam as regras; os criminosos são os políticos; tornam-se presidentes, vice-presidentes, primeiros-ministros, pois, a não ser o criminoso, quem deseja o poder? Um ser humano autêntico quer paz, quer amor, quer que o deixem em paz, quer a liberdade para ser ele mesmo. A própria idéia de dominar os outros é criminosa.

Chuang Tzu está certo: se você sente alguma tensão, lembre-se de que o que você está fazendo não está certo. E ele foi a única pessoa que sugeriu um critério tão belo:

O fácil é o certo.

Comece certo e você estará sendo natural; continue natural e você estará certo.

O caminho certo para seguir facilmente é se esquecer do caminho certo e se esquecer de que o seguir é fácil.

Relaxe sendo um joão-ninguém, seja natural, torne-se parte deste universo relaxado, tão relaxado que você se esquece de tudo sobre o fácil e de tudo sobre o certo.

道

A TARTARUGA FELIZ

Dois mensageiros foram enviados pelo imperador. Chuang Tzu estava pescando, e eles se aproximaram e disseram: "O imperador quer que o senhor seja o primeiro-ministro do país".

Chuang Tzu perguntou: "Vocês vêem aquela tartaruga ali, balançando o rabo na lama?"

Eles responderam: "Sim, vemos".

"E vocês percebem como ela está feliz?" Eles disseram: "Certamente, ela parece bem feliz".

E então Chuang Tzu disse: "Ouvi dizer que existe uma tartaruga de três mil anos no palácio do rei, morta e guardada em uma gaiola de ouro decorada com diamantes — e ela é venerada. Se vocês pedirem a esta tartaruga que está abanando o rabo na lama para trocar de papel com a outra, para se tornar aquela tartaruga do palácio, morta, mas dentro de uma gaiola de ouro decorada com diamantes e venerada pelo próprio imperador, esta tartaruga estaria disposta a aceitar essa troca?"

Os mensageiros responderam: "Certamente que não, esta tartaruga não estaria disposta".

Então Chuang Tzu disse: "E por que eu deveria estar disposto? Estou feliz na minha lama, balançando o meu rabo, e não quero ir ao palácio do imperador".

o valor do que é inútil

A vida é dialética, e por isso não é lógica. A lógica significa que o oposto é realmente oposto, e a vida sempre implica o oposto em si mesmo. Na vida, o oposto não é realmente oposto, mas complementar. Sem ele, nada é possível. Por exemplo, a vida existe por causa da morte. Se não houvesse morte, não poderia haver vida. A morte não é o fim e não é inimiga; pelo contrário, por causa da morte, a vida se torna possível. Assim, a morte não está em algum lugar no final; ela está presente aqui e agora. Cada momento tem sua vida e sua morte; senão, a vida seria impossível.

Hui Tzu disse a Chuang Tzu:

"Todo o seu ensinamento está centrado no que não tem utilidade".

Chuang Tzu replicou:

"Se você não apreciar o que não tem utilidade, não poderá começar a falar sobre o que pode ser usado. Por exemplo, a terra é ampla e vasta, mas, apesar de toda sua extensão, uma pessoa só usa alguns centímetros por vez, sobre os quais ela fica.

"Agora, suponha que de repente você tire tudo o que essa pessoa não esteja usando, de tal modo que, por toda a volta de seus pés, abra-se um abismo e ela fique no vazio, sem nada sólido em lugar nenhum, exceto sob cada um de seus pés. Por quanto tempo ela será capaz de usar o que está usando?"

Hui Tzu respondeu: "Esse espaço deixaria de servir a qualquer propósito".

Chuang Tzu concluiu: "Isso mostra a absoluta necessidade do que supostamente não tem nenhuma utilidade".

EXISTE A LUZ, existe a escuridão. Para a lógica, elas são opostas, e a lógica dirá: se houver luz, não poderá haver escuridão; se houver o escuro, não poderá haver luz. Mas a vida diz justamente o contrário; ela diz: se existe escuridão, é porque existe luz; se existe luz, é porque existe escuridão. Podemos não ser capazes de perceber o oposto, quando ele está escondido bem ali na esquina.

Existe silêncio por causa do som; se não houvesse som, você poderia ser silencioso? Como você poderia ser silencioso? O oposto é necessário como um pano de fundo. Os que seguem a lógica sempre erram o caminho, porque suas vidas ficam desequilibradas. Eles pensam na luz, e então começam a negar a escuridão; eles pensam na vida, então começam a lutar contra a morte.

Há uma tradição que diz que Deus é luz, e há uma outra que diz que Deus é escuridão. Ambas estão erradas, porque ambas são lógicas, elas negam o oposto. E a vida é tão imensa que ela carrega o oposto em si. O oposto não é negado, mas incluído.

Certa vez, alguém disse a Walt Whitman, um dos maiores poetas que já houve: "Whitman, você insiste em se contradizer; num dia você diz uma coisa, em outro dia você diz justamente o oposto..."

Walt Whitman riu e disse: "Sou imenso, tenho em mim todas as contradições".

Apenas mentes pequenas são coerentes e, quanto mais estreita for a mente, mais coerente ela é... Quando a mente é vasta, tudo está presente: a luz existe, a escuridão existe, Deus existe e o demônio também existe em toda a sua glória.

Se você entender esse misterioso processo da vida, que avança por meio dos opostos, que é dialético — os opostos ajudam, dão equilíbrio, dão o tom, servem como pano de fundo —, só então você poderá entender Chuang Tzu, porque toda a visão taoísta está baseada na complementariedade dos opostos.

Eles usam duas palavras, yin e yang, que são opostas: masculino e feminino. Pense em um mundo que seja totalmente masculino ou em um mundo que seja totalmente feminino; ele estaria morto.

No momento em que ele nascer, estará morto; não poderá haver nenhuma vida nele. Se ele for um mundo feminino, mulheres e mais mulheres e nenhum homem, as mulheres se suicidarão!

O oposto é necessário porque o oposto atrai, torna-se um ímã, puxa você; o oposto leva você para fora de si mesmo, quebra a sua prisão, deixa você grande. Sempre que o oposto for negado, haverá dificuldade, e é isso que temos feito; daí haver tantos problemas no mundo.

O ser humano tentou criar uma sociedade basicamente masculina, e é por isso que há

> *"Sempre que o oposto for negado, haverá dificuldade, e é isso que temos feito; daí haver tantos problemas no mundo."*

tantos problemas; a mulher foi negada, foi expulsa. Nos séculos passados, a mulher nunca era vista em lugar nenhum; ela era escondida em aposentos, no fundo da casa, sem nem sequer ter permissão para ficar na sala de estar. Ela não era vista nas ruas, nas lojas... Ela não fazia parte da vida, e o mundo ficou feio, pois como se pode negar o oposto? O mundo ficou desequilibrado, todo o equilíbrio foi perdido; o mundo enlouqueceu.

Em muitas culturas, a mulher ainda não tem permissão para participar da vida; ela ainda não é realmente uma parte, uma parte vital da vida. Os homens participam de grupos voltados para os homens, como clubes exclusivamente masculinos: o mundo dos negócios, a política, grupos científicos... e em todos esses agrupamentos há desequilíbrio. O homem domina, e é por isso que há tanta infelicidade. E, quando um dos pólos opostos domina, há infelicidade porque o outro fica magoado e se vinga. Assim, toda mulher se vinga em casa. Quando ela não pode sair, andar pelo mundo e vingar-se da humanidade, ela se vinga do marido. Há constantes conflitos.

Por que a esposa está sempre em conflito? Não se trata de algo pessoal, mas da vingança da mulher, do feminino, da parte negada. E esse homem na casa, o marido, é o representante de todo o mundo masculino, do mundo voltado para o masculino, contra o qual ela está brigando.

Ao negar o oposto, você cria problemas; e o mesmo acontece em todos os caminhos, em todos os níveis, em todas as dimensões.

Chuang Tzu diz que, se você negar o inútil, então não haverá utilidade no mundo. Se você negar o inútil, a brincadeira, a diversão, não poderá haver nenhum trabalho, nenhuma obrigação. Isso é muito difícil de entender, pois toda a nossa ênfase recai sobre o que é útil.

Se alguém perguntar do que é feita uma casa, você dirá que ela é feita de paredes. E Chuang Tzu diria, assim como seu mestre, Lao Tzu, que uma casa não é feita de paredes, mas de portas e janelas. A ênfase deles está na outra parte; eles dizem que as paredes são úteis, mas que o seu uso depende do espaço inútil que fica atrás das paredes. Um cômodo é espaço e não paredes. É claro, o espaço é de graça e as paredes precisam ser compradas. Quando você compra uma casa, o que você compra? As paredes, o material, o visível. Mas você pode viver dentro do material? Você pode viver nas paredes? Você terá de viver no quarto, no espaço vazio. Você compra um barco, mas precisa navegar no vazio.

Assim, o que é realmente uma casa? Ela é um vazio cercado por paredes. E o que é uma porta? Não é nada; "porta" significa que não existe nada, nenhuma parede, apenas vazio. Mas você não pode entrar na casa se não houver portas; se não houver nenhuma janela, o sol não entrará, nenhuma brisa soprará. Você estará morto e a sua casa se tornará um túmulo.

Chuang Tzu diz para nos lembrarmos de que a casa é feita de duas coisas: as paredes, o material, o vendável, o que é útil, e o vazio

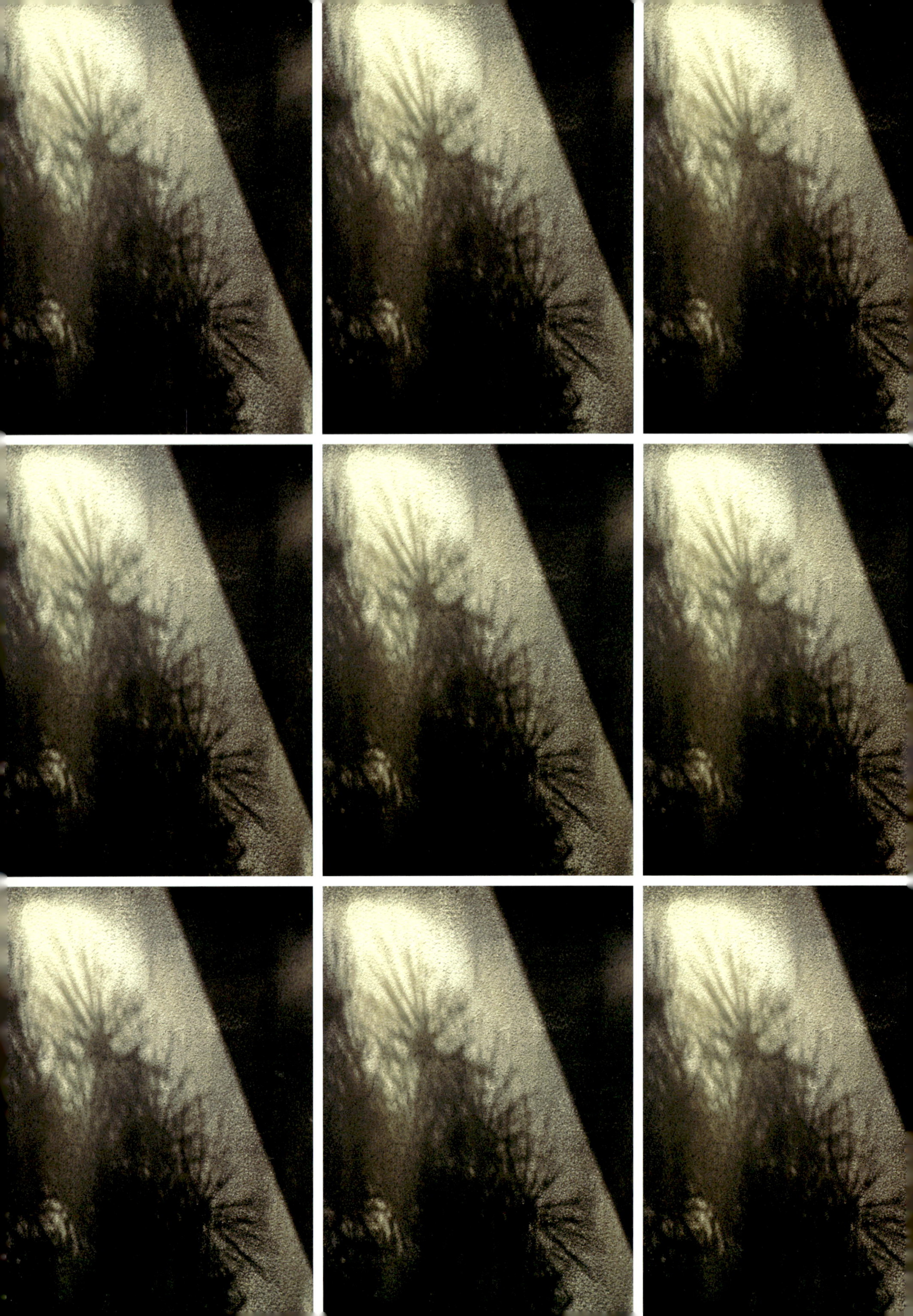

cercado pelas paredes, o que não é útil, o que não pode ser comprado, não pode ser vendido, não tem valor econômico. Como você pode vender o vazio? Mas você precisa viver no vazio; se uma pessoa tentar viver apenas nas paredes, ela enlouquecerá, pois isso é impossível. Mas tentamos fazer o impossível; na vida, escolhemos o que é útil.

Por exemplo, se uma criança está brincando, você diz: "Pare! O que você está fazendo? Isso é inútil. Faça algo útil, aprenda algo, leia, pelo menos faça o seu dever de casa, faça algo útil. Não fique vagando por aí, não seja um vagabundo". Se você insistir nisso com uma criança, aos poucos ela matará o inútil e se tornará apenas útil; mas, quando uma pessoa é apenas útil, ela está morta. Você poderá usá-la, então ela será algo mecânico, um meio, e não um fim em si mesmo.

Você é realmente você mesmo quando está fazendo algo inútil — fazendo uma pintura não para vender, mas apenas para se divertir; cuidando do jardim apenas para se divertir; deitando na praia sem fazer nada, apenas para se divertir; sentado em silêncio ao lado de um amigo, sem fazer nada, apenas por gostar de estar ali.

Muito poderia ser feito nesses momentos, você poderia ir ao *shopping*, poderia ganhar dinheiro, poderia trocar tempo por dinheiro, poderia aumentar sua conta bancária, pois esses momentos não voltarão e os tolos dizem que tempo é dinheiro. Eles conhecem apenas uma utilidade para o tempo: convertê-lo em mais e mais dinheiro. No final, você morre com uma grande conta bancária, mas por dentro está totalmente pobre, pois a riqueza interior só aparece quando você pode desfrutar o inútil.

O que é meditação? As pessoas perguntam: "Qual é a utilidade da meditação? O que ganharemos com ela? Qual é o seu benefício?" Meditação... e você pergunta sobre benefício? Você não pode entendê-la porque a meditação é simplesmente inútil. No momento em que digo "inútil", você se sente pouco à vontade, pois a mente toda se tornou tão utilitária, tão voltada para a comodidade que você sempre espera um resultado. Você não pode acreditar que algo possa ser um prazer em si mesmo.

Inútil significa que você faz a coisa por prazer, sem pensar nos benefícios que ela traz. Você está profundamente concentrado e ela lhe proporciona bem-estar; mas, quando você está profundamente absorto nela, não pode acumular esse bem-estar, não pode fazer dele um tesouro.

Existem dois tipos de pessoa no mundo: os utilitaristas, que se tornam cientistas, engenheiros, médicos; e um outro ramo, o tipo complementar, dos poetas, dos vagabundos — os inúteis, que nada fazem de útil. Mas eles propiciam o equilíbrio, dão graça ao mundo. Pense em um mundo cheio de cientistas e sem nenhum poeta; ele seria absolutamente feio e não valeria a pena viver nele. Pense em um mundo com todos nas lojas, nos escritórios, sem nenhum vagabundo; seria o inferno. O vagabundo confere beleza ao mundo.

Dois vagabundos foram presos e o juiz perguntou ao primeiro: "Onde você mora?"

O homem respondeu: "O mundo inteiro é o meu lar, o céu é o meu abrigo; vou a todos os lugares e não existem barreiras. Sou uma pessoa livre".

E o juiz perguntou ao outro: "E você, onde mora?"

O segundo vagabundo disse: "Sou vizinho dele".

Essas pessoas dão beleza ao mundo, trazem uma fragrância. Um Buda é um vagabundo, um Mahavira é um vagabundo. Esse homem, esse vagabundo, respondeu que o céu era seu único abrigo, e é isso o que

> *"O interior só pode florescer quando não existem tensões externas, quando você não está indo a lugar nenhum e está apenas descansando."*

significa a palavra *digamber*. Mahavira, o último dos grandes mestres do jainismo, é conhecido como *digamber*, que significa nu, com apenas o céu como roupa, e nada mais. O céu é o abrigo, o lar.

Quando o mundo se torna utilitário demais, você cria muitas coisas, possui muitas coisas, torna-se obcecado por coisas, mas o interior se perde, pois o interior só pode florescer quando não existem tensões externas, quando você não está indo a lugar nenhum e está apenas descansando. Então o interior floresce; o mais elevado sempre acontece quando você não está fazendo nada, só o trivial acontece quando você está fazendo alguma coisa.

Soren Kierkegaard, um filósofo dinamarquês, escreveu algo muito profundo; ele disse: "Quando comecei a rezar, ia à igreja e falava com Deus..." É isso o que os cristãos fazem por todo o mundo; eles falam com Deus em voz alta, como se Deus estivesse morto; e, como se Deus fosse uma entidade tola, eles o aconselham sobre o que fazer e sobre o que não fazer. Ou, como se Deus fosse um tolo monarca, eles o convencem e o subornam para que ele satisfaça os desejos deles.

Mas Kierkegaard disse: "Comecei a falar; então, de repente, percebi que isso era inútil. Como posso falar com Deus? A pessoa precisa ficar em silêncio, pois o que eu vou dizer? E o que eu posso dizer que ajudará Deus a saber mais? Ele é onipotente, onipresente e onisciente, então qual é o propósito de contar a ele?"

E Kierkegaard disse: "Conversei com ele durante anos, então, de repente, percebi que isso era tolice. Então parei de falar e fiquei em silêncio, e depois de muitos anos percebi que até mesmo o silêncio não tinha sentido. Então dei o terceiro passo: passei a ouvir. Primeiro eu falava, depois parei de falar e depois comecei a ouvir".

Ouvir é diferente de apenas ficar em silêncio, pois só ficar silencioso é algo negativo; ouvir é algo positivo. Apenas ficar em silêncio é algo passivo e o ouvir é uma passividade alerta, que espera algo sem nada dizer, mas espera com todo o ser. Ele tem uma intensidade, e Kierkegaard disse: "Quando esse ouvir aconteceu, então pela primeira vez a prece aconteceu".

Mas parece que ouvir é absolutamente inútil, especialmente ouvir o desconhecido; você não sabe onde ele está. O silêncio é inútil, falar parece útil; algo pode ser feito quando se fala, pois falando você faz muitas coisas no mundo. Assim, você acha que, se quiser ser religioso, também terá de fazer alguma coisa.

Mas Chuang Tzu disse: A religião só começa quando você entender a futilidade de todo o fazer e quando tiver mudado para o pólo oposto, o do não fazer, da inatividade, do ficar passivo e tornar-se inútil.

Chuang Tzu e seu mestre Lao Tzu sempre falavam do inútil e até mesmo louvavam as pessoas inúteis.

Chuang Tzu falou sobre um homem, um corcunda. Todos os jovens da cidade foram

A SOMBRA DO JUMENTO

Conta-se que, uma noite, Chuang Tzu estava conversando com seus discípulos e muitos deles estavam dormindo profundamente, como normalmente acontece com os discípulos. Devia ser tarde da noite; eles estavam cansados e Chuang Tzu falava de coisas difíceis, além da capacidade intelectual deles. Quando algo está além de você, parece melhor você repousar e dormir do que se importar com o assunto.

De repente, Chuang Tzu ficou ciente de que muitos dos discípulos estavam dormindo profundamente e que era inútil continuar a falar. Eles estavam até roncando, perturbando-o com o ronco. Então ele contou uma parábola: "Certa vez aconteceu de um homem fazer uma peregrinação a um lugar sagrado com o seu jumento. Mas ele era muito pobre e começou a passar muita fome; como o dinheiro tinha acabado, vendeu a um viajante rico o jumento sobre o qual viajava. Mas na tarde seguinte, quando o sol estava muito quente, o primeiro dono do jumento descansou na sombra do animal.

"O segundo proprietário comentou: 'Isso não está certo, pois você me vendeu o jumento'.

"O primeiro proprietário replicou: 'Vendi o jumento, mas não a sombra'."

E todos os discípulos ficaram alertas; de repente, ninguém estava dormindo, ninguém estava roncando. Quando você fala sobre jumentos, os jumentos imediatamente põem-se a ouvi-lo! Chuang Tzu disse: "Agora volto ao que estava falando..."

Mas todos os discípulos disseram: "Espere! Por favor, termine a história". Agora todos curiosos: "O que aconteceu?"

Chuang Tzu disse: "Essa é uma parábola e não uma história. Vocês estão mais interessados nos jumentos do que em mim". Chuang Tzu parou a história ali, nunca a concluiu, pois ela não precisava ser concluída; ela era apenas uma prova de que a mente humana está mais interessada na estupidez do que nos valores mais elevados; ela está mais interessada em tolices.

forçados a entrar no exército porque eram úteis. Apenas um homem, o corcunda, foi deixado para trás por ser inútil. Chuang Tzu disse: Sejam como o corcunda, tão inúteis que não serão massacrados na guerra.

Eles louvam o inútil porque dizem que o útil sempre estará em dificuldade. O mundo usará você, todos estão dispostos a usá-lo, a manipulá-lo, a controlá-lo. Se você for inútil, ninguém olhará para você, as pessoas se esquecerão de você, elas o deixarão quieto, não se importarão com você, não ficarão cientes de que você existe.

Isso aconteceu comigo. Sou um homem inútil, e aconteceu na minha infância de eu estar sentado perto da minha mãe, e ela olhar à sua volta e dizer: "Eu gostaria que alguém fosse comprar verduras no mercado, mas não tenho ninguém para mandar", e eu estava sentado perto dela! Ela disse: "Não vejo ninguém por perto", e eu ria por dentro; ela não podia me mandar ao mercado, pois eu era tão inútil que ela não se deu conta de que eu estava ali.

Certa vez, uma tia veio nos visitar, mas ela não sabia da minha inutilidade. Minha mãe estava dizendo: "Não tenho ninguém para ir ao mercado.

Todas as crianças saíram e a criada está doente, então o que posso fazer? Alguém precisa ir".

Minha tia disse: "Por que não mandar Raja? Ele está sentado ali sem fazer nada".

Assim, mandaram-me ao mercado e pedi ao vendedor: "Dê-me as melhores verduras que você tiver, as melhores bananas, as melhores mangas". Ao me observar e ao observar a maneira como eu falava, ele deve ter pensado que eu era um tolo, pois ninguém jamais pede o melhor. Dessa maneira, ele me cobrou o dobro e me deu tudo o que tinha de estragado, e cheguei em casa muito feliz.

Minha mãe jogou tudo fora e disse: "Olhe! É por isso que digo que não tem ninguém aqui".

Chuang Tzu insistia em dizer: Esteja alerta e não seja muito útil, senão as pessoas vão explorar você. Então elas começarão a manipulá-lo e você ficará em dificuldade. E, se você puder produzir coisas, elas o forçarão a produzir por toda a sua vida. Se você puder fazer uma certa coisa, se você for habilidoso, então não poderá ser desperdiçado.

Ele diz que a inutilidade tem a sua própria utilidade intrínseca. Se você puder ser útil para os outros, então terá de viver para os outros. Inútil, ninguém olha para você, ninguém lhe presta atenção, ninguém se importa com o seu ser e você é deixado em paz. Você pode viver no mercado como se estivesse vivendo no Himalaia, e nessa solitude você cresce e toda a sua energia pode se voltar para dentro de você.

Chuang Tzu diz: "Se você não apreciar o que não tem utilidade, não poderá começar a falar sobre o que pode ser usado". O inútil é o outro aspecto do útil. Você só pode falar sobre o útil por causa do inútil; essa é uma parte vital; e se você a abandonar completamente, então *nada* será útil. As coisas são úteis porque existem coisas inúteis.

Mas é isso o que aconteceu com muitas pessoas no mundo. Nós eliminamos muitas atividades recreativas achando que, então, toda a nossa energia iria para o trabalho; mas agora o trabalho se tornou um tédio.

A pessoa precisa ir ao pólo oposto, e só então ela rejuvenesce. Durante todo o dia você está acordado e, à noite, adormece. Qual é a utilidade do sono? O sono é uma perda de tempo, e não é pouco tempo. Se você viver até os noventa anos de idade, trinta anos da sua vida terão se passado dormindo, oito horas todos os dias, um terço de cada dia. Qual é a utilidade disso?

Mas ao final de todo o dia de trabalho, quando você adormece, sai do útil e entra no inútil, e é por isso que, pela manhã, você se sente tão rejuvenescido, tão vivo, tão aliviado; suas pernas podem dançar, sua mente pode cantar, seu coração pode de novo sentir. Toda a poeira do trabalho foi jogada fora e o espelho está novamente limpo; pela manhã você tem clareza. Como isso acontece? Isso acontece por meio do inútil.

É por isso que a meditação pode lhe dar os maiores vislumbres, porque ela é a coisa mais inútil do mundo. Você não faz coisa nenhuma e simplesmente penetra no silêncio. Ela é mais grandiosa do que o sono, pois no sono você está inconsciente, e tudo o que acontece acontece inconscientemente. Você pode estar no paraíso, mas não o conhece. Na meditação você se move conscientemente, e então fica ciente do caminho: como ir do mundo útil do exterior ao mundo inútil do interior. E uma vez conhecido o caminho, a qualquer momento você poderá simplesmente ir para dentro. Sentado num ônibus, você não precisa fazer nada e está simplesmente sentado; viajando de carro, de trem ou de avião, você não está fazendo nada, pois tudo está sendo feito pelos outros; você pode fechar os olhos e entrar no inútil, no interior. E de repente tudo fica em silêncio, tudo fica fresco e você está na fonte de toda a vida.

Mas isso não tem valor no mundo dos negócios, você não pode vender esse estado, não pode dizer: "Tenho uma grande meditação. Alguém está interessado em comprá-la?" Ninguém estará interessado em comprá-la, ela não é uma mercadoria, ela é inútil.

Chuang Tzu diz:

"Se você não apreciar o que não tem utilidade, não poderá começar a falar sobre o que pode ser usado. Por exemplo, a terra é ampla e vasta, mas, apesar de toda sua extensão, uma pessoa só usa alguns centímetros por vez, sobre os quais ela fica. Agora suponha que de repente você tire tudo o que ela não esteja usando, de tal modo que por toda a volta de seus pés se abra um abismo e ela fique no vazio sem nada sólido em lugar nenhum, exceto sob cada um dos seus pés. Por quanto tempo ela será capaz de usar o que está usando?"

Essa é uma bela comparação. Você está sentado numa cadeira e está usando apenas um pequeno espaço, e não toda a terra; o resto da terra é inútil, e você está usando apenas uma pequena porção. Chuang Tzu diz: Suponha que toda a terra seja eliminada e só reste o espaço sobre o qual você está; ou suponha que você esteja em pé usando apenas alguns centímetros da terra, suponha que sobrou apenas isso da terra e que o restante foi eliminado. Por quanto tempo você será capaz de usar essa pequena parte que está usando?

Um abismo, um abismo infinito se abre à sua volta, e imediatamente você sentirá vertigens e cairá no abismo. A terra inútil dá suporte à útil, e o inútil é vasto, enquanto o útil é muito pequeno. Isso é verdadeiro em relação a todos os níveis do ser: o inútil é vasto, enquanto o útil é muito pequeno. Se você tentar salvar apenas o útil e se esquecer do inútil, mais cedo ou mais tarde ficará zonzo. E isso aconteceu; você já está zonzo, caindo no abismo.

Por todo o mundo, os pensadores têm um problema: a vida não tem significado, parece que ela não tem sentido. Pergunte a Sartre, a Marcel, a Jaspers, a Heidegger; eles dizem que a vida não tem sentido. Por que a vida ficou tão sem sentido? Isso nunca foi assim. Buda nunca disse isso; Krishna podia dançar, cantar, gostar de si mesmo; Maomé podia orar e agradecer a Deus pela bênção da vida; Chuang Tzu era feliz, tão feliz quanto se pode ser. Essas pessoas nunca disseram que a vida não tinha sentido. O que aconteceu com a mente moderna? Por que a vida parece tão sem sentido?

A terra inteira foi eliminada e você foi deixado somente sobre a parte na qual está sentado ou em pé. Você está ficando atordoado, por toda a sua volta só vê abismo e perigo. Você não pode usar a terra sobre a qual está agora porque só pode usá-la quando o inútil se junta a ela. O inútil precisa estar presente.

O que isso quer dizer? Sua vida se tornou apenas trabalho e nenhuma diversão. A diversão é o inútil, o vasto; o trabalho é o útil, o trivial, o pequeno. Você encheu completamente a sua vida com trabalho. Sempre que você começa a fazer alguma coisa, a primeira pergunta que lhe vem à mente é qual a utilidade daquilo. Se tiver utilidade, você faz.

Sartre começa uma de suas histórias no século XXI. Nela, um homem muito rico diz: "O amor é só para os pobres. Meus empregados podem amar por mim."

É claro; por que um Henry Ford desperdiçaria seu tempo fazendo amor com uma mulher? Um empregado mal remunerado poderia fazer isso, pois o tempo

de Ford é mais valioso e ele poderia usá-lo em algo mais útil.

Isso é possível! Observando a mente humana como ela é, é possível que no futuro só os empregados façam amor. Quando se pode enviar um empregado, por que se preocupar? Quando tudo é considerado em termos econômicos, quando um Ford ou um Rockefeller pode fazer muito melhor uso do seu tempo, por que deveriam desperdiçá-lo com suas esposas? Para isso eles podem mandar um empregado, e isso será menos problemático.

Parece absurdo, mas isso já aconteceu em muitas dimensões da vida. Você nunca brinca, seus empregados é que brincam; você nunca é um participante ativo em nenhuma diversão, e os outros fazem isso para você. Você assiste a um jogo de futebol, e nele outras pessoas estão jogando e você está apenas assistindo. Você é um espectador passivo, que não se envolve. Você vai ao cinema e vê os outros fazendo amor, fazendo guerra, violência e tudo o mais; você é apenas um espectador na sua poltrona. Isso é tão inútil que não precisa se preocupar em fazer tudo isso; qualquer outra pessoa pode fazê-lo e você pode apenas observar. Trabalho *você* faz, mas diversão os outros a fazem por você.

A vida parece não ter sentido porque o sentido surge no equilíbrio entre o útil e o inútil. Você negou completamente o inútil, fechou a porta, e agora só o útil está presente e o faz se sentir sobrecarregado. É um sinal de sucesso ter úlcera aos quarenta anos de idade. Se você tem cinqüenta anos e a úlcera ainda não apareceu, deve ser um fracassado. O que você tem feito na vida? Você deve ter desperdiçado tempo. Aos cinqüenta, a pessoa deveria ter tido seu primeiro ataque cardíaco e, aos sessenta, a pessoa realmente bem-sucedida morre, sem nunca ter vivido. Não havia tempo para viver, pois ela tinha coisas muito mais importantes para fazer.

“A vida parece não ter sentido porque o sentido surge no equilíbrio entre o útil e o inútil.”

Olhe à sua volta, observe as pessoas de sucesso, sejam elas políticos, pessoas abastadas ou grandes empresários. O que está acontecendo com elas? Não olhe para as coisas que elas possuem, mas diretamente para elas, pois, se você olhar para as coisas, será enganado. As coisas não têm úlcera, os carros não têm ataques do coração, as casas não são hospitalizadas. Não olhe para as coisas, senão você se iludirá. Olhe para a pessoa destituída de todas as suas posses, olhe diretamente para ela, e então sentirá a sua pobreza; até um mendigo pode ser uma pessoa rica, até um pobre pode ser mais rico no que se refere à vida.

O sucesso é um fracasso, e nada é um fracasso maior do que o sucesso, pois a pessoa bem-sucedida perde o domínio sobre a vida e sobre tudo. A pessoa bem-sucedida está na verdade barganhando, jogando fora o real em troca do irreal, jogando fora diamantes interiores em troca de pedrinhas coloridas da praia, juntando pedras e perdendo diamantes. Mas porque você olha com os olhos da ambição, você olha para as posses; você nunca olha para o político, mas para o cargo, para o poder. Você nunca olha para a pessoa que está sentada ali absolutamente impotente, perdendo tudo sem nem ter um vislumbre do que é o estado de plenitude. Ela comprou o poder, mas, ao comprá-lo, perdeu a si mesma; o ser interior está se perdendo por causa de posses fúteis. Você pode enganar os outros, mas como será capaz de enganar a si mesmo? No final, você olhará para a sua vida e perceberá que a perdeu por causa do útil.

O inútil precisa estar presente. O útil é como um jardim arrumado e limpo; o inútil é como uma grande floresta intocada, e ela não pode ser arrumada e limpa. A natureza tem a sua própria beleza e, quando tudo fica arrumado e limpo, ela já está morta. Um jardim não pode ser muito vivo porque as plantas são podadas, cortadas, ajeitadas; uma grande floresta tem vitalidade, uma alma muito poderosa. Entre em uma floresta e você sentirá o impacto; perca-se na floresta e perceberá o poder dela. No jardim não dá para sentir esse poder; ele não está presente, pois o jardim é criado por pessoas. Você pode olhar para ele, ele é belo, mas é cultivado, planejado, manipulado.

O jardim é algo falso; a coisa verdadeira é a floresta. O inútil é como uma grande floresta; o útil é como um jardim que você criou à volta da sua casa. Não corte a floresta; tudo bem ter um jardim, mas deixe que ele seja parte de uma grande floresta, de tal modo que ele não seja o seu jardim, mas o jardim da natureza.

Chuang Tzu enfatizou muito o inútil porque você enfatizou muito o útil. Fora isso, essa ênfase não é necessária, pois serve apenas para lhe dar equilíbrio. Você foi demasiadamente para a esquerda e precisa ser puxado para a direita.

Mas lembre-se, por causa dessa grande ênfase, você pode novamente ir para o outro extremo, e isso aconteceu a muitos seguidores de Chuang Tzu. Eles ficaram viciados no inútil, e não era esse o ponto; eles não compreenderam. Chuang Tzu enfatizou o inútil apenas porque as pessoas se tornaram extremamente viciadas no que é útil. Foi por isso que ele enfatizou o inútil, mas eu tenho de lembrar-lhe isso, pois a mente pode ir para o oposto e permanecer a mesma, e a coisa real é a transcendência. Você precisa chegar ao ponto em que possa usar o útil e o inútil, em que possa usar o que tem propósito e o que não tem propósito. Então você está além de ambos, e ambos o servem.

Uma pessoa real e perfeita, uma pessoa do Tao, não tem vícios; ela pode ir facilmente de um extremo a outro porque permanece no meio; ela usa as duas asas.

Chuang Tzu não deveria ser mal-interpretado, e é por isso que digo isso; ele pode ser mal-interpretado. Pessoas como ele são perigosas porque você pode entendê-las mal, e há mais possibilidade de haver mal-entendidos do que de haver entendimento. A mente diz: "Tudo bem, chega de trabalhar nessa loja, chega da família; serei agora um vagabundo". Isso é entender mal, pois você carregará a mesma mente e ficará viciado em ser um vagabundo. Então você não será capaz de voltar à loja, ao mercado, à família, e ficará com medo disso.

Da mesma maneira, se você se vicia com um remédio, ele poderá se tornar uma nova doença. Assim, o médico precisa cuidar para que você se livre da doença, mas que não fique viciado no remédio, senão ele não é um bom médico.

Primeiro você precisa se livrar da doença, e imediatamente depois precisa se livrar do remédio, senão ele tomará o lugar da doença e você ficará apegado a ele para sempre.

道

Mulla Nasruddin estava ensinando ao filho de sete anos como abordar uma menina, como convidá-la para dançar, o que dizer e o que não dizer, como convencê-la. O garoto foi embora e, meia hora depois, voltou e disse: "Agora me ensine como faço para me livrar dela". Isso também precisa ser aprendido, e essa é a parte difícil. Convidar é muito fácil, mas livrar-se é muito difícil. E você sabe muito bem pela sua própria experiência.

Lembre-se: o inútil tem a sua própria atração. Se você estiver muito perturbado pelo útil, poderá ir para o outro extremo e perder o equilíbrio.

Um profundo equilíbrio é necessário; ficar no meio, livre de todos os opostos. Você pode usar o útil e pode usar o inútil; pode usar o que tem propósito e o que não tem propósito e, ainda assim, ficar além dos dois. Você não é usado por eles e se tornou o mestre.

O SANTO MAROTO

Muito poucas pessoas tiveram coragem de ficar com Chuang Tzu. Ele sempre criava situações muito embaraçosas, e não se espera que santos façam isso. Por exemplo, um dia ele foi visto montado em um jumento, enquanto os discípulos o seguiam. Toda a cidade achou graça. As pessoas ficavam olhando, porque ele não estava sentado da maneira certa. O jumento estava indo para a frente, mas Chuang Tzu estava voltado para trás, encarando os discípulos!

As pessoas da cidade davam risadas e os discípulos se sentiam muito envergonhados. Finalmente um discípulo disse: "Por que o senhor está fazendo isso? O senhor está se passando por tolo, e junto com o senhor estamos sendo ridicularizados desnecessariamente. As pessoas acham que somos idiotas".

Chuang Tzu respondeu: "Há algo de grandioso implícito nessa atitude; ela é proposital. Se eu me sento da maneira que normalmente as pessoas se sentam em jumentos, ficarei de costas para vocês, e isso é insultuoso. Não quero insultar ninguém, nem mesmo os meus próprios discípulos. A outra possibilidade é vocês andarem à minha frente, mas então vocês estariam me insultando, e isso também não está certo, os discípulos insultando o mestre... Então essa é a solução que encontrei. Deixe que os tolos riam, mas eu estou de frente para vocês e vocês estão de frente para mim. É assim que um mestre e os discípulos deveriam estar: tenho respeito por vocês e vocês têm respeito por mim. E o jumento não faz objeções, e por que deveríamos nos importar com o que as pessoas pensam?"

Ora, esse tipo de homem é raro, é único, difícil de ser encontrado. Ele atingiu a clareza, a consciência, o amor e a compaixão mais elevados, mas continuou sendo travesso até o fim.

PARTE QUATRO

lieh tzu:

um mestre contador de histórias

Lieh Tzu é uma das expressões mais perfeitas do inexprimível. A verdade não pode ser expressa, e essa falta de expressividade é intrínseca à verdade. Milhares e milhares de pessoas tentaram exprimi-la, e muito poucas conseguiram mostrar até mesmo um reflexo dela. Lieh Tzu é uma dessas raras pessoas; ele é raro.

道

道

como expressar o inexprimível

A abordagem de Lieh Tzu é a de um artista, de um poeta, de um contador de histórias; ele é um mestre contador de histórias. Sua experiência floresceu em parábolas, e essa parece ser a maneira mais fácil de expressar o que não pode ser dito. A parábola é uma estratégia, uma grande estratégia; ela não é apenas uma história comum; seu propósito não é entretê-lo, mas dizer algo que não pode ser dito de outra maneira.

A VIDA NÃO PODE ser colocada em uma teoria; ela é tão vasta, tão infinita. Pela sua própria natureza, uma teoria é fechada, precisa ser fechada; se ela é uma teoria, não pode ficar em aberto, senão deixará de ter sentido. A parábola fica em aberto; ela diz algo e, ainda assim, deixa muito por dizer; ela apenas dá a entender. E o que não pode ser dito pode ser mostrado; ela é um dedo apontando para a lua. Não se apegue ao dedo, pois isso seria irrelevante; olhe para a lua. Em si, as parábolas são belas, mas seu propósito não é nos apegarmos a elas; elas vão além, são transcendentais. Se você dissecar a parábola, não chegará a muito entendimento.

É como o umbigo no corpo; se você for a um cirurgião e perguntar qual é o objetivo do umbigo, ele pode dissecar o corpo, mas não achará nenhum objetivo. O umbigo parece inútil.

Qual é o objetivo do umbigo? Ele tinha objetivo quando a criança estava dentro do útero, seu objetivo era ligar a criança à mãe, conectar a criança à mãe. Mas agora que a pessoa não está mais no útero, que a mãe pode ter até morrido, que a criança envelheceu, qual é o objetivo do umbigo? Ele tem um propósito transcendental; este não está nele mesmo. Para descobrir o que ele indica, você terá de olhar em todos os lugares, por toda a volta. Ele indica que a pessoa foi uma criança, que a criança esteve no útero da mãe, que a criança esteve ligada à mãe. O umbigo é apenas uma marca deixada no corpo pelo passado.

Assim como o umbigo mostra algo sobre o passado, a parábola mostra algo sobre o futuro. Ela mostra que existe uma possibilidade de crescer, de se conectar com a existência. No momento, isso é apenas uma possibilidade e não algo atual. Se você apenas dissecar a parábola, ela se tornará uma história comum; se você não a dissecar, mas beber o seu significado, a sua poesia, a sua música, esquecendo-se da história e carregando o seu significado, logo perceberá que ela indica um futuro, indica algo que poderá acontecer, mas que ainda não aconteceu. Ela é transcendental.

Assim, o primeiro ponto a ser entendido sobre Lieh Tzu é que ele não é teórico, não lhe

dará nenhuma teoria; simplesmente lhe dará parábolas.

A teoria pode ser dissecada; seu significado está nela mesma, é imanente, não tem transcendência. A parábola não pode ser dissecada; disseque-a e ela morrerá. O significado é transcendental. Você precisa *viver* uma parábola, e então chegará ao seu significado. Ela precisa se tornar o seu coração, a sua respiração, o seu ritmo interior.

Para entender uma pessoa como Lieh Tzu, você terá de viver uma vida autêntica. Só então, por meio da sua própria experiência, você será capaz de sentir o que ele quer dizer com essas parábolas. Não é que você possa aprender as teorias e ficar informado; a informação não ajudará em nada. A menos que você saiba, nada irá ajudar. Assim, se essas parábolas criarem uma sede de saber em você, criarem um grande desejo de saber, uma grande fome de saber, se essas parábolas o levarem a uma jornada desconhecida, a uma peregrinação, então só ao percorrer o caminho você se familiarizará com ele.

Os eruditos ocidentais ficaram muito intrigados com Lieh Tzu, querendo saber se ele existiu ou não. Há grandes tratados sobre isso; durante anos eles trabalharam arduamente para descobrir se esse homem realmente existiu. Para a mente oriental, toda essa erudição parece estupidez, pois não importa se ele existiu ou não. Se você me perguntar se ele existiu ou não, digo que tanto faz. Quem escreveu essas belas histórias *foi* Lieh Tzu. Seja lá quem foi essa pessoa, uma coisa é certa: *alguém* as escreveu. Isso é certo, pois essas histórias existem.

Ora, se alguém com o nome de Lieh Tzu realmente escreveu as histórias que são atribuídas a ele ou se alguém com outro nome as escreveu... Por que isso faria diferença? Isso não acrescentará nada às histórias, pois elas já são perfeitas; e isso não tirará nada delas, pois nada lhes pode ser tirado. Se Lieh Tzu foi uma figura histórica ou não, de que modo isso iria afetar as histórias? As histórias são muito bonitas e têm um valor intrínseco. Uma coisa é certa: alguém as escreveu. Por que se preocupar em saber qual era o nome desse alguém, se era Lieh Tzu ou não?

É possível que elas tenham sido escritas por muitas pessoas, e então também não há problema. Quem escreveu qualquer uma dessas histórias deve ter tocado a consciência do Tao, senão ela não poderia ter sido escrita. Uma só pessoa ou muitas pessoas podem ter escrito, mas sempre que essas histórias são escritas, alguém penetrou na consciência do Tao, alguém entendeu o que é a vida, alguém teve uma visão.

No Ocidente, essa questão da autoria é considerada muito significativa. Pessoas escrevem livros e mais livros discutindo se Shakespeare existiu ou não, como se isso fizesse alguma diferença! As peças escritas por ele são muito belas, e por que não estudar as peças, amá-las e desfrutá-las? Isso parece tirar de foco a questão se Shakespeare existiu ou não. O problema surge porque as pessoas supõem que ele não tenha sido uma pessoa instruída, e então como poderia ter escrito coisas tão lindas?

Você já conheceu alguém muito instruído que tenha escrito coisas lindas? Alguns acham que o autor verdadeiro não tenha sido Shakespeare, mas Lord Bacon. Não posso acreditar nisso porque li os outros livros de Lord Bacon e eles não são nada, comparados com os de Shakespeare. Bacon é simplesmente comum; ele pode ter sido uma pessoa muito instruída, pode ter sido um grande erudito, mas seus livros são comuns, são lixo. Apenas porque ele é Lord Bacon e tem um nome muito famoso, quem se ilude? Você já ouviu falar de algum livro de Bacon? Quem se importa com eles? Como Lord Bacon poderia ter escrito essas peças de Shakespeare? Sob seu nome ele não escreveu nenhuma obra-prima, então como poderia ter escrito alguma sob pseudônimo? E, se sob pseudônimo ele podia escrever peças tão lindas, como as de Shakespeare, então o que estava fazendo quando escrevia com seu próprio nome? Isso não parece fazer sentido.

Dessa maneira, tanto faz se Shakespeare era ou não conhecido como Shakespeare, mas certamente existiu alguma consciência que deu nascimento a essas belas peças. O que há de errado em chamar essa consciência de Shakespeare?

No Oriente, nunca nos preocupamos com essas coisas. Dizemos: "Não importa quem escreveu tal coisa". Se os livros são bonitos, muito bonitos, imensamente significativos, e, se os aproveitamos durante séculos, se os adoramos, se os contemplamos, a autoria é irrelevante.

Não se sabe ao certo se Lieh Tzu existiu ou não. Ele não parece ser uma personagem histórica porque não deixou nenhum traço. Ou ele não era uma personagem histórica ou era um grande cavalo. Prefiro a segunda opção: ele era um grande cavalo que nunca levantou nenhuma poeira e que nunca deixou nenhuma marca atrás de si. Ele se apagou completamente, e existe apenas um pequeno livro, o *Livro de Lieh Tzu*, com algumas pequenas parábolas.

Esse livro nada diz sobre Lieh Tzu, mas por que deveríamos nos preocupar com isso? Lieh Tzu pode ter sido uma mulher, pode não ter sido um homem. Quem sabe? Ele pode não ter sido chinês, pode ter sido tibetano. Quem sabe? Ele pode não ter existido, e isso não importa, mas as parábolas importam. Essas parábolas são portas, então, por favor, não persiga o que não é essencial. Investigue o espírito do essencial e não se preocupe com o grosseiro; penetre no sutil.

a natureza do saber

Uma das questões mais fundamentais que sempre se apresentou à humanidade, e que sempre estará presente em todo ser humano que nascer, é a natureza do saber. O que é o saber verdadeiro? Apenas pelo saber a pessoa atinge a libertação, apenas pelo saber a pessoa vem a conhecer a si mesma, apenas pelo saber a verdade é revelada.

O SER HUMANO NASCEU na ignorância; a escuridão é imensa. Naturalmente, a primeira pergunta que qualquer ser inteligente fará é como encontrar a luz. O que é a luz? Nascemos na escuridão sem saber quem somos. Que escuridão maior pode existir? Nem sequer estamos conscientes de quem somos, de onde viemos, para onde vamos. Estamos apenas tateando e vagando de algum modo. Somos acidentais, ainda não temos um destino; somos inconscientes, ainda não atingimos a luz do ser interior que pode iluminar o nosso caminho. Nessa escuridão, se o fracasso acontece, ele é natural; nessa escuridão, se a frustração acontece, o que mais você pode esperar? Nessa escuridão, se você apenas morre e nunca vive, isso parece lógico.

A questão fundamental é: Qual é a natureza do saber? O que é o saber verdadeiro? O ser humano sabe muitas coisas e, ainda assim, permanece ignorante. O ser humano conhece muitas coisas, mas o fundamental está faltando. É como se ele tivesse feito uma grande construção, mas faltasse o alicerce. O ser

ACERTANDO O ALVO

Lieh Tzu treinava arco-e-flecha e atingia o alvo. Ele procurou o conselho de Kuan-Yin, que lhe perguntou: "Você sabe por que acerta o alvo?"

"Não."

"Ele ainda não foi atingido."

Lieh Tzu foi embora para praticar e, três anos depois, novamente se apresentou a Kuan-Yin.

"Você sabe por que acerta o alvo?"

"Eu sei."

"Ele já foi atingido. Agarre-se a essa consciência e não a perca."

Isso se aplica não apenas ao arco-e-flecha, mas ao domínio de si mesmo. Por isso, o sábio examina minuciosamente, não o fato da sobrevivência ou da ruína, mas as suas razões.

humano conhece muitas coisas, o conhecimento cresce a cada dia, e, ainda assim, no fundo ele continua tão ignorante quanto antes. Devemos ter entendido mal a própria natureza do conhecimento.

Antes de entrarmos nessa parábola simbólica e muito significativa, algumas coisas precisam ser entendidas.

A primeira: a menos que você conheça a si mesmo, todo o conhecimento é inútil; a menos que você conheça a si mesmo, todo o saber é apenas um saber falso; parece que você sabe, mas você não sabe de fato; trata-se de um engodo. Você conhece a ciência, conhece coisas, conhece o mundo, mas não conhece a si mesmo. Se o próprio conhecedor está em profunda escuridão, todo o seu conhecimento é apenas superficial, podendo não ter nem a espessura da pele. Pressione a pessoa de conhecimento e logo descobrirá a ignorância surgindo dela; pressione um pouco e seu conhecimento não será de nenhuma ajuda. Você descobrirá que ela é uma pessoa tão ignorante e comum como qualquer outra.

道

Se você insultar Albert Einstein, ele ficará com raiva como qualquer um; se Albert Einstein fracassar, ficará tão frustrado como qualquer um. Se Bertrand Russell obtiver sucesso, ficará tão feliz como qualquer um. Não existe uma diferença básica, porque a essência mais íntima permanece a mesma. É claro que Bertrand Russell conhece mais do que você, mas o conhecimento é quantitativo. Ele não é mais *sábio* do que você, pois o conhecimento dele ainda não é *qualitativo*. No que se refere ao seu ser, ele é igual a você; ele tem mais informação, mas não tem mais sabedoria. Mais informação não é mais sabedoria, e mais sabedoria não significa necessariamente mais informação.

Buda pode não ter tanto conhecimento quanto Bertrand Russell; certamente ele nunca conheceu tanto quanto Bertrand Russell, mas Buda é um sábio e Bertrand Russell não é. O conhecimento de Buda não diz respeito a coisas, mas ao seu próprio ser. Seu conhecimento não é um acúmulo de informação, mas uma explosão, uma explosão interna de luz. É por isso que chamamos esse estado de iluminação.

Buda se tornou mais consciente, e essa é a sabedoria dele. Ele não caminha mais de uma maneira desatenta e dispersa. Se você o golpear, ele não reagirá da maneira como uma pessoa inconsciente reage. Ele *responderá*, e absolutamente não reagirá; sua resposta não virá pelo fato de você o ter insultado, mas virá da sua perceptividade; essa resposta não será mecânica, e é por isso que eu digo que ela não será uma reação.

A reação é algo mecânico; qualquer um pode apertar seus botões e você reage mecanicamente. Você não tem nenhum controle sobre seu próprio mecanismo. Se alguém o insultar, você se sente insultado. A outra pessoa é o mestre; ela aperta um botão e você está sob o controle dela; se alguém o apreciar, você ficará fluente e feliz, pois ele apertou um outro botão, e você fica sob o controle dessa pessoa.

Você pode louvar ou pode condenar Buda, mas isso não fará nenhuma diferença. Você pode insistir em tentar apertar botões, mas Buda não reagirá. Ele não é mais uma máquina.

Certa vez Buda foi insultado; ele estava passando por uma vila e muitas pessoas se juntaram para insultá-lo e condená-lo. A raiva delas era praticamente justificável, pois Buda estava destruindo a própria base de sua cultura apodrecida; ele estava destruindo as leis que Manu prescreveu para os hindus, estava destruindo a própria base daquela sociedade dividida em classes, em castas, *varna*. E ele estava destruindo a própria base do antigo *sannyas*, pois nos dias antigos os *sannyasins* eram velhos. Depois de setenta e cinco anos de idade a pessoa precisava se tornar um *sannyasin*; quando a vida estava praticamente se esvaindo, esperava-se que a pessoa se tornasse um *sannyasin*, que renunciasse a tudo e abraçasse a vida espiritual. Mas Buda estava iniciando jovens, mesmo crianças.

Ele estava destruindo dois fundamentos básicos da sociedade hindu. O primeiro era *ashrama*, os quatro estágios da vida; sannyas é o quarto estágio, o último. E o segundo fundamento era o sistema de quatro castas, varna. Nesse sistema, os brâmanes são a casta mais alta, e os sudras a mais baixa; entre as duas estão os vaishyas e os kshatriyas. Buda estava destruindo esse sistema porque disse que qualquer um que conheça Brahma é um brâmane; não pelo nascimento, mas pelo saber, pelo ser. Ele disse que todos nascem como sudras, como intocáveis, os mais inferiores, incluindo os brâmanes. Pelo nascimento, ninguém é superior e ninguém é inferior; pelo nascimento, todos nascem como animais. Então, se a pessoa trabalhar, crescer, buscar, procurar e aperfeiçoar sua consciência, aos poucos, lentamente, ela se eleva de Sudra para Vaishya.

Um Vaishya significa um homem de negócios; ele é um pouco superior, tem alguns valores a mais na vida, às vezes pensa em música, poesia. O Sudra é aquele que só pensa no corpo; ele come, dorme, e isso é tudo. Comer, beber e se casar, esse é todo o seu círculo de vida. Se você estiver fazendo apenas isso, você é um Sudra, a categoria mais inferior do ser humano.

Todos nascem dessa maneira, e você não pode esperar que uma criança se interesse por música, poesia, filosofia e religião. Quando uma criança nasce, ela é uma hedonista, uma epicurista. Ela dorme de dezoito a vinte horas por dia; o que mais você pode esperar? Sempre que ela sente fome, ela acorda, chora e choraminga, e comida e carinho lhe são dados; e de novo ela adormece. Ela come, bebe e dorme. Toda criança é um Sudra.

Aos poucos, à medida que você começa a crescer, novas dimensões se abrem em seu ser; você começa a se interessar por coisas que não são apenas do corpo. Um pouco da mente, um pouco da psicologia entra em seu ser, e você deixa de ser apenas físico e passa a ser um Vaishya e parte para as questões maiores da vida. Você é um negociante, o que não é um estado muito elevado, mas é melhor do que ser um Sudra.

Então vem o Kshatriya, o guerreiro. Ele fica um pouco mais interessado em coisas mais elevadas, começa a procurar a verdade, a beleza, o amor. Seu interesse é mais elevado do que o do negociante. E ele está disposto a arriscar a sua vida, a perder a sua vida na busca desses valores mais elevados. Ele está disposto a jogar, é corajoso... a coragem o invade. O negociante não é corajoso; se tudo correr bem,

> *À medida que você começa a crescer, novas dimensões se abrem em seu ser.*

ele pode apreciar a música e a poesia, pode se sentar em sua casa, centrado e seguro, e também pensar sobre a verdade, mas não se colocará em muito perigo; ele não correrá riscos.

O guerreiro, o Kshatriya, corre riscos. Ele põe a vida em jogo, torna-se um jogador. O negociante nunca é um jogador; primeiro ele pensa no lucro e vai até determinado limite. Ele corre riscos, mas apenas até determinado limite. Trata-se de um risco limitado, e ele sempre pensa sobre que lucro e que perda terá. Ele está sempre preocupado com o lucro e com a perda. Enquanto o guerreiro arrisca tudo e penetra fundo na vida. Esse é o terceiro estágio.

E o Brâmane é o mais elevado, aquele que penetra mais fundo no mistério da vida, da realidade, da existência; e, a menos que venha a saber o que é a verdade suprema, ele nunca fica satisfeito. Brâmane significa: aquele que fica face a face com a verdade suprema, com a verdade absoluta.

Buda disse que essas não são divisões do nascimento, mas qualidades que a pessoa precisa desenvolver. Todos precisam evoluir a partir do Sudra, e todos precisam chegar até o Brâmane. Ele destruiu toda a idéia da estrutura de castas. E ele disse que sannyas nada tem a ver com idade, nada tem a ver com quantos anos a pessoa tem. A velhice nada tem a ver com o sannyas, pois ele não é cronológico. Se o sannyas não está preocupado com o tempo, como pode se preocupar com a idade? Sannyas é um movimento que penetra no atemporal. Assim, qualquer um que esteja pronto... Às vezes uma criança entra no sannyas. Shankara entrou no sannyas quando tinha apenas nove anos de idade e, se ele tivesse esperado de acordo com o velho conceito hindu, nunca teria se tornado um sannyasin, pois morreu quando tinha trinta e três anos de idade, e a humanidade teria perdido algo imensamente valioso.

Buda disse que qualquer um pode entrar no sannyas sempre que estiver pronto. E existem diferentes qualidades de pessoas, diferentes intensidades, diferentes paixões. Na idade de nove anos uma pessoa pode ser mais alerta do que a maioria das pessoas, mesmo do que alguém com noventa anos de idade. Assim, não se pode decidir imediatamente por meio da idade da pessoa, mas é necessário que se investigue a intensidade interior da pessoa.

Trata-se da sua vida; se você quiser arriscá-la, trata-se da sua liberdade. Você precisa ter permissão, e Buda permitia que jovens fossem iniciados no sannyas.

Esses dois sistemas eram as bases da sociedade hindu, e ambos foram destruídos pela abordagem de Buda. Naturalmente as pessoas estavam contra ele; e ele estava sempre em perigo, mas criou uma grande revolução na consciência humana.

Nessa história, Buda estava passando por uma vila de brâmanes, e eles se reuniram à sua volta e o insultaram com veemência, mas ele ouviu em silêncio. Eles insistiam em provocá-lo, mas nada aconteceu, e ficaram um pouco preocupados e desconcertados, pois, quando você insulta uma

pessoa e ela não se deixa perturbar, você fica desconcertado. Ela parece estar além de você. Na verdade, você não pode atingi-la porque ela está num plano superior ao seu.

Eles perguntaram: "Você está ouvindo? Por que você não diz nada? Nós o estamos insultando e condenando. Você ficou surdo? Ficou mudo? Não pode falar? Não pode ouvir o que estamos dizendo?"

Buda respondeu: "Posso sentir, posso perceber a preocupação e o embaraço de vocês, mas sinto muito. Se vocês quisessem que eu reagisse, deveriam ter vindo dez anos atrás. Agora é tarde demais, não adianta querer me provocar; já fui além disso".

É como se uma criança estivesse brincando com um brinquedo e você jogasse fora o brinquedo e ela chorasse e se lamentasse. Um dia a criança deixará de ser criança, e você poderá arrancar-lhe o brinquedo; ela não chorará nem se lamentará. Na verdade, ela lhe dará o brinquedo de presente e dirá: "Pode levá-lo, pode ficar com ele. Não quero mais".

Foi isso que Buda disse: "É tarde demais, acabei com isso, fui além."

Isso é sabedoria, sabedoria verdadeira. A sabedoria é uma mudança qualitativa do seu ser, é uma transformação do seu ser, é uma metanóia: você se eleva, a altitude muda. Com o conhecimento, com o pretenso conhecimento,

você continua sendo o mesmo, exceto que insiste em acumular mais. Você conhece mais, mas *você* continua sendo o mesmo.

O pretenso conhecimento é como o dinheiro. Você fica acumulando dinheiro, mas isso não o transforma. Como ele pode transformá-lo? Sua conta bancária aumenta, mas isso não quer dizer que você esteja crescendo com ela. Como você pode crescer com a conta bancária? Você pode começar a juntar muito dinheiro, pode juntar milhões de dólares, mas como isso pode ajudar o seu crescimento? Você continua sendo o mesmo. É por isso que você percebe que mesmo os ricos continuam sendo mendigos. O dinheiro está disponível, mas a mendicância interior continua a mesma; eles ficam do mesmo jeito, miseráveis.

Às vezes eles ficam até mais miseráveis, pois, quando você não tem muito, não fica muito preocupado em perder o que tem; mas, quando tem muito, fica preocupado em perdê-lo. Os ricos ficam mais pobres, a pobreza deles é imensa; eles não podem compartilhar e estão sempre com medo. A pobreza interior deles não muda; ela continua a mesma. É preciso que seja assim. Se você for agressivo, não ficará menos agressivo só por mudar de roupa. Se você for raivoso, não ficará menos raivoso apenas por mudar o corte de cabelo. Do mesmo modo, a quantidade de dinheiro que você tem não faz nenhuma diferença para o seu ser interior; você permanece o mesmo.

De modo semelhante, a quantidade de conhecimento que você tem não faz nenhuma diferença. Você pode ir à universidade, pode conquistar todos os títulos possíveis, pode fazer doutorado, pode freqüentar bibliotecas e ficar lendo e estudando, pode juntar muito conhecimento, mas isso ficará apenas do lado de fora, na periferia da mente, apenas na memória, mas não transformará a qualidade da sua consciência. E, a menos que sua consciência mude, nada é atingido.

Assim, o primeiro ponto a ser entendido é que o conhecimento e a sabedoria são diferentes. Conhecimento é informação, sabedoria é entendimento; o conhecimento é coletado de fora, a sabedoria é um crescimento interior; o conhecimento é tomado de empréstimo, a sabedoria é sua, autenticamente sua; o conhecimento é aprendido, a sabedoria não é aprendida de ninguém.

Você precisa ficar mais alerta, de tal modo que possa perceber mais, sentir mais, ser mais. Sabedoria é ser, conhecimento é apenas um acúmulo periférico.

Um outro ponto: Quando você é uma pessoa de conhecimento, quando armazenou muito conhecimento, seu ego fica fortalecido, e você pensa: "Sei muita coisa". E o ego é uma das barreiras para a percepção da realidade; ele não é uma ponte, pois desconecta, em vez de conectar. Quando você é uma pessoa de sabedoria, o ego desaparece, pois uma pessoa de sabedoria descobre que não existe nada que você possa conhecer. Como você pode conhecer? A vida é tão misteriosa, tão imensamente misteriosa, não há como conhecê-la realmente.

Se você puder conhecer apenas a si mesmo, isso é mais do que suficiente, mais do que se pode esperar. Se uma pequena luz acende no seu coração e o seu ser interior se torna luminoso, isso é mais do que suficiente. E é isso que é necessário; nessa luz você fica ciente de que a realidade é um mistério supremo, e é isso que queremos dizer quando usamos a palavra *Deus*. *Deus* significa exatamente a mesma coisa que *natureza*, com apenas uma diferença. No conceito de natureza está implícito que, se ela não foi conhecida até agora será conhecida mais tarde; mas ela pode ser conhecida, é passível de ser conhecida; esse é o significado intrínseco da palavra natureza.

Teoricamente, a natureza é passível de ser conhecida. Os cientistas falam sobre a natureza porque dizem que sabemos alguma coisa sobre ela e que um dia tudo será conhecido. Ao usar a palavra *Deus* ou *divindade*, passamos para outra dimensão: dizemos que algo é conhecido e ainda existe mais para se conhecer, sempre existirá, mas, ainda assim, algo sempre permanecerá incognoscível, algo será para sempre indefinível.

O mistério é vasto, é infinito, e somos parte dele. Então como a parte pode conhecer totalmente o todo? Isso é impossível, a parte não pode conhecer totalmente o todo; só pode conhecer até determinado limite.

Uma pessoa de sabedoria entende o mistério da vida, e é por isso que Buda permaneceu em silêncio sobre a vida; ele não disse uma única palavra sobre ela.

Lao Tzu permaneceu quieto durante toda a sua vida até ser forçado, realmente forçado a escrever suas experiências. Mas a primeira sentença que ele escreveu no *Tao Te Ching* foi que a verdade ou o Tao que pode ser dito não é o Tao verdadeiro. O Tao que pode ser pronunciado ou expresso é falso.

> *"O Tao diz que qualquer atividade pode ser transformada em uma atividade sagrada, que qualquer atividade, seja ela qual for, mesmo o arco-e-flecha e a esgrima."*

A verdade não pode ser dita porque você pode dizer apenas coisas que foram realmente conhecidas, totalmente conhecidas, perfeitamente conhecidas; então você pode expressá-las. A verdade nunca é conhecida totalmente. Você a sente, você a vive, você tem grandes experiências com ela, grandes visões, grandes mistérios abertos, mas cada mistério o leva a um outro mistério. À medida que cada porta se abre, você percebe que mil e uma portas ainda estão esperando para serem abertas. Cada porta o leva a novas portas. Então, como você pode expressá-la?

Uma pessoa de sabedoria dirá: "Não sei", ou "Não conheço o todo, apenas um pouco. Conheço apenas a mim mesmo". Mas isso é suficiente, mais do que suficiente; é o ponto mais elevado a que se pode aspirar.

A pessoa de conhecimento fica declarando que sabe tudo; essa é a prova da sua ignorância. Só uma pessoa ignorante diz que sabe; o sábio sempre diz que não sabe. Esse é o sinal, a indicação da verdadeira sabedoria.

Mais um ponto: quando você sabe algo, divide a realidade em conhecedor, conhecido e conhecimento. Imediatamente a realidade fica dividida em três coisas. Esse é o significado do símbolo da trindade no Cristianismo. Se você "sabe", Deus se torna três. No momento em que você sabe, Deus se torna três; o um não é mais um. O conhecimento divide, e esse é o significado do conceito de *trimurti* no Hinduísmo. Deus tem três faces; no momento em que você sabe, ele tem três faces. O conhecimento divide.

Parece que o três é muito básico, parece que, se você se dissolver na realidade, há um, mas no momento em que você muda de posição e olha para ela, ela se transforma em três. Certamente, porque então você é uma coisa, o que você conhece é outra, e entre as duas está o conhecimento; o conhecedor, o conhecido e o conhecimento.

Dessa maneira, o conhecimento divide, e o que divide não pode levá-lo à verdade suprema. A sabedoria unifica; na sabedoria, a pessoa não sabe quem é o conhecedor, quem é o conhecido e o que é o conhecimento. É por isso que, na sabedoria, você se torna um místico, torna-se uma coisa só com a realidade, perde todas as distinções, as diferenças, as fronteiras, as definições. Na sabedoria você fica indefinido, tão indefinido quanto a própria realidade.

Agora a parábola.

Lieh Tzu treinava arco-e-flecha e atingia o alvo. Ele procurou conselho de Kuan-Yin, que lhe perguntou: "Você sabe por que acerta o alvo?"

Cada palavra precisa ser entendida; sinta o sabor de cada palavra, pois cada uma delas é importante. Essas parábolas não são apenas para serem lidas de uma vez e depois esquecidas, mas foram escritas para serem alvo de reflexão; elas são estratégias de meditação.

Lieh Tzu treinava arco-e-flecha.

O Tao não faz diferença entre o sagrado e o profano. Todas as religiões organizadas fazem uma distinção entre o sagrado e o profano. O arco-e-flecha é uma arte profana, como a esgrima, a culinária, a marcenaria, a pintura ou a

poesia. Você não pode imaginar Buda pintando ou sendo um arqueiro, nem pensar em Buda escrevendo poesia. Essas são atividades mundanas, e Buda é transcendental.

Você pode imaginar Buda fazendo alguma atividade comum do dia-a-dia? Não, ele simplesmente medita, permanece no céu mais puro; ele caminha sobre a terra mas não pertence a ela, caminha sobre a terra mas nunca toca a terra. Ele não é um ser terreno.

Mas o Tao é algo muito raro e extraordinário. O Tao diz que qualquer atividade pode ser transformada em uma atividade sagrada, que qualquer atividade, seja ela qual for, mesmo o arco-e-flecha e a esgrima. Na China e no Japão, há escolas de arco-e-flecha e esgrima, mas no salão em que os arqueiros aprendem há uma indicação: *Sala de Meditação*. Pessoas aprendem arco-e-flecha e às vezes luta corporal, mas a sala é conhecida como Sala de Meditação. Que tipo de meditação é essa? As pessoas estão brigando, lutando, aprendendo arco-e-flecha, todas artes mortíferas. Que tipo de meditação é essa? Por que elas chamam essas salas de salas de meditação?

O Tao diz que qualquer atividade feita com plena consciência se torna uma meditação. A atividade não é a coisa real, e sim como você a faz, que consciência você leva a ela. Você pode rezar de uma maneira muito mundana, e então a prece se torna mundana, e você sabe disso. Se você for aos templos e ouvir as preces das pessoas, saberá disso; as preces delas não são preces verdadeiras. Alguém está pedindo para ganhar na loteria; uma outra pessoa está pedindo que sua esposa enferma fique boa; uma outra está dizendo que o filho não passou de ano e que, da próxima vez, Deus deveria fazer o favor de cuidar para que ele passe; outra está dizendo que sua filha já está ficando velha e que ainda não encontrou um bom partido e que Deus deveria dar uma mão... Essas são as suas preces; elas são atividades muito mundanas, muito ordinárias. Por que você as chama de prece? O que há de sagrado nelas? Nada parece ser sagrado nelas. Você pode estar sentado em um templo, mas isso não faz muita diferença.

Se a sua prece pode ser profana, então certamente atividades do dia-a-dia podem ser sagradas. Essa é uma contribuição taoísta para o mundo: eles dizem que a atividade não é o que importa, e sim a consciência que você leva a ela.

Por exemplo, você pode estar lutando. O lutador taoísta primeiro deve fazer uma reverência para o oponente e considerá-lo como um ser divino, como uma expressão da divindade, e não como o inimigo. Se ele não puder considerar o oponente como sendo uma expressão do divino, como sendo um amigo,

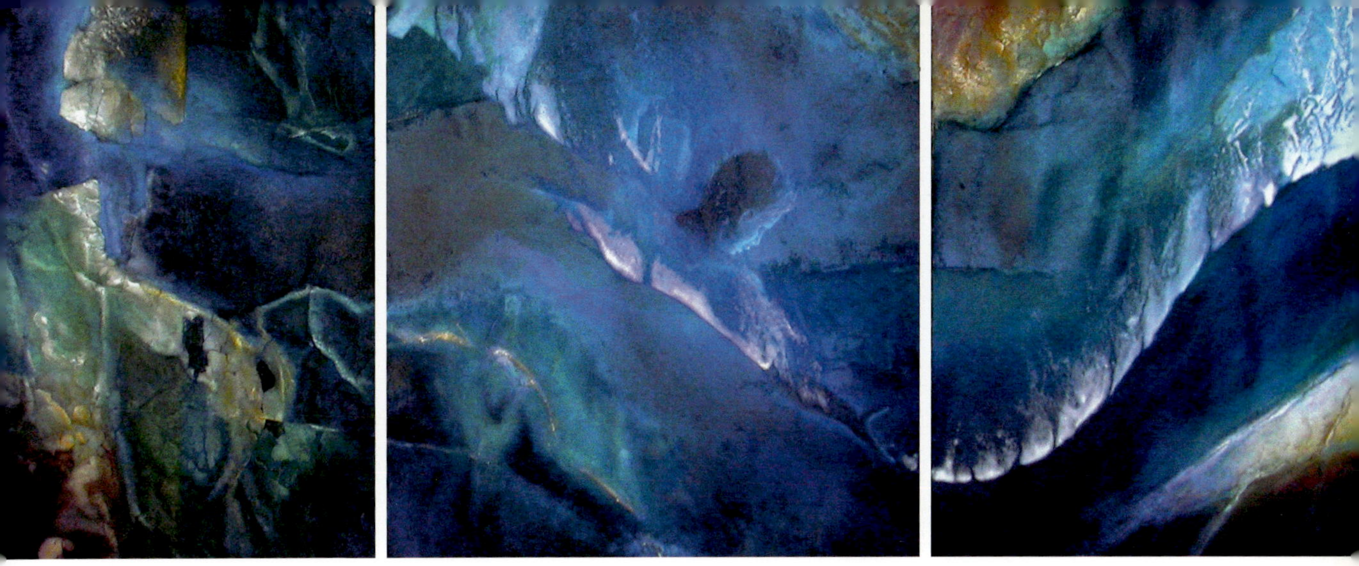

então ele não é taoísta, então se trata de uma luta comum. Mas, se ele puder perceber a mesma divindade em seu oponente como sente em si mesmo, então a luta é uma luta apenas na superfície; no fundo ela se tornou uma prece.

Se você olhar de fora, ficará perplexo. Dois espadachins, lutando com suas espadas, primeiro devem olhar bem nos olhos um do outro, na janela dos olhos, para ter a sensação do ser do outro. Ele é exatamente como o seu próprio ser. Então eles lutam, mas a luta é totalmente diferente. A luta não é agressiva, não é egoísta, mas uma brincadeira. E os lutadores e os espadachins não estão interessados em se matar, não estão nem mesmo interessados em se proteger. Eles simplesmente relaxam e entram em um estado de deixar acontecer; então há duas energias dançando. Se você olhar de fora, para você se trata de uma luta, mas de dentro se trata apenas da dança de duas energias. É quase um caso de amor, o encontro de duas energias.

E você ficará surpreso ao descobrir: se alguém é derrotado, isso é sinal de que a pessoa ainda não está em condições de deixar acontecer; ela ainda está no ego e por isso foi derrotada.

Às vezes acontece de dois lutadores taoístas se enfrentarem repetidas vezes por anos e nenhum ser derrotado, pois nenhum dos dois está no ego. Como se pode derrotar alguém sem ego? Nenhum dos dois é agressivo, ambos estão em um amor tão grande que não pode derrotar o outro. Dois espadachins podem lutar durante horas e nenhum se machuca. Esta é a arte: estar tão vazio que a espada não possa cortar nada.

Ora, se alguém o golpeia, você se encolhe; se alguém o golpeia, você resiste. A arte taoísta é: quando alguém o golpeia, você se expande, recebe o ataque e o absorve.

Se alguém está jogando energia em você, não lute contra essa energia, mas a absorva. Ele está lhe dando energia, e você está lutando contra ela? Em vez disso, absorva-a!

Tente isso de vez em quando. Se alguém bate em você ou o golpeia, tente absorver... prossiga com isso, não enrijeça, não fique tenso, deixe que o impulso seja absorvido. Você ficará surpreso, e ficará surpreso porque haverá uma experiência totalmente nova. Se dois lutadores estiverem presentes e um ficar absorvendo a energia do outro, seja ela qual for, quem estiver jogando energia fora será derrotado. Não foi o outro que o derrotou; ele próprio se derrotou. Ele ficará cada vez mais fraco e será derrotado, e o outro lutador sairá radiante da experiência.

Toda atividade pode ser transformada em meditação. Até essas artes mortíferas de arco-e-flecha e lutas podem ser transformadas em artes não-violentas. Essa é uma grande revolução.

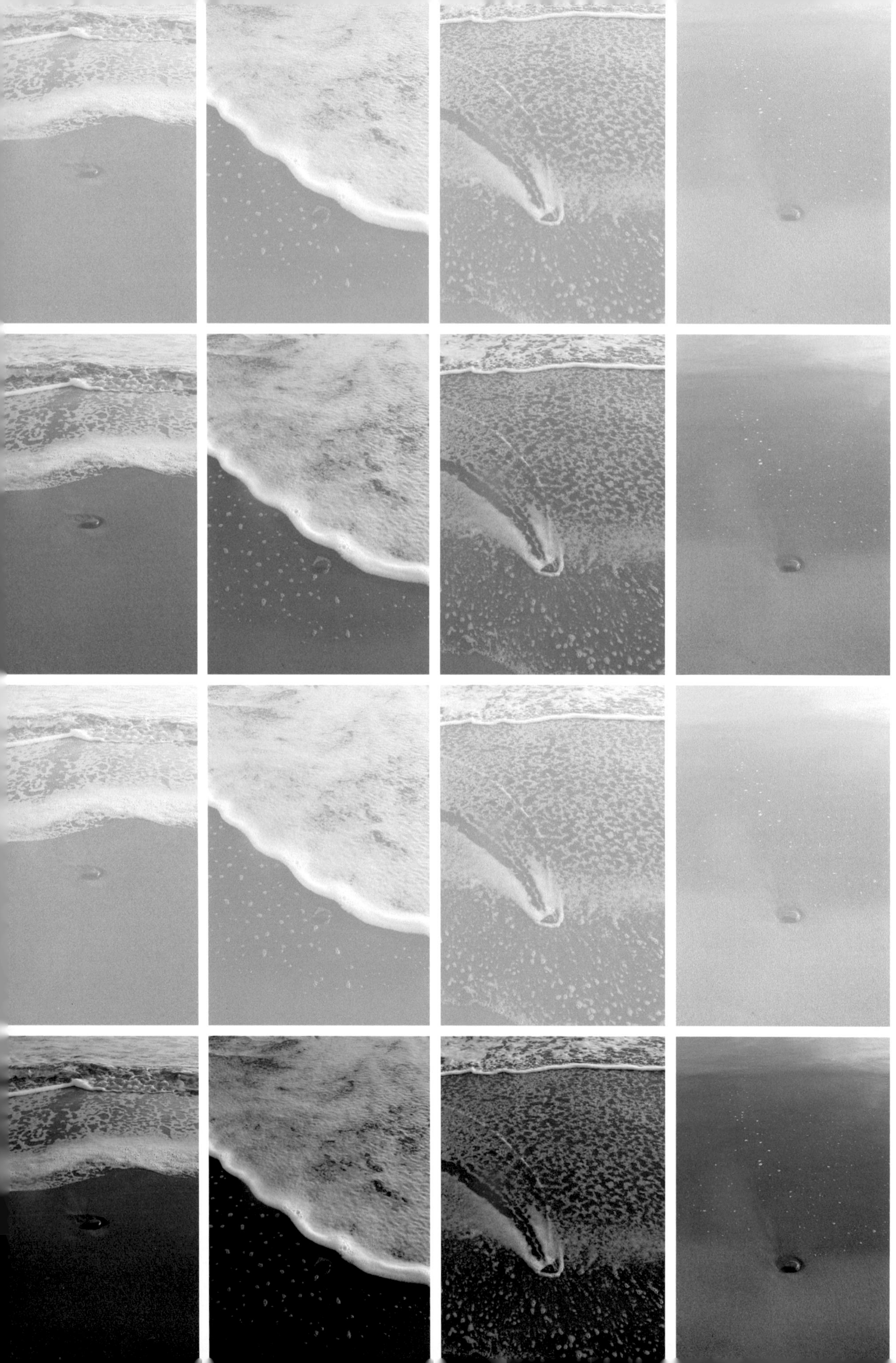

O ego é duro e masculino, e o Tao acredita no feminino. O ego é agressivo, o feminino é receptivo, e o Tao acredita no receptivo, acredita em se tornar um útero. O ego, o ego masculino, está determinado a penetrar, e não em ser penetrado. O ego masculino está sempre tentando penetrar no outro, assim como no sexo. Em tudo que o ego masculino faz há um esforço de penetração, um esforço de violar o outro.

E o feminino está absorvendo, assim como no sexo. Tudo é como no sexo.

Você não observou isso acontecer todos os dias? Você pode não ter pensado desta maneira: as mulheres são sempre as vencedoras. Napoleão pode ser um grande homem fora de casa, mas, quando volta para casa, ele não é nada. A mulher pode ser pequena, pequenininha, mas ela domina. Todo marido é dominado pela mulher, e, se você conseguir encontrar um marido que não seja dominado pela mulher, então saiba que ele é taoísta, então ele não é masculino, e é por isso que não é dominado pela mulher; ele já é feminino. Todo marido precisa ser dominado pela mulher porque a energia egóica não pode vencer a energia não egóica.

Você já observou isto? Uma mulher chorando é muito poderosa. Você pode ter todos os músculos do mundo, pode ser o grande Mohammed Ali, mas mesmo ele, quando a namorada está chorando, sabe o que fazer. As lágrimas parecem ser mais poderosas.

Qual é o poder das lágrimas de uma mulher? Ela é tão frágil, tão vulnerável, tão delicada... De onde vem o poder da mulher, por que ela domina, como ela consegue? Ela domina sem dominar. Ela cuida de você, serve-o de mil e uma maneiras, e é assim que ela se torna a conquistadora. Ela nunca tenta penetrar em você, nunca tenta conquistá-lo, e essa é a sua vitória. Ela não tem defesa, mas, ainda assim, uma grande força lhe vem de alguma fonte desconhecida.

> *"Quando a água cai na rocha, esta desaparece e vira areia; é apenas uma questão de tempo."*

Os taoístas dizem que essa é a força do elemento água. O homem é como uma rocha e a mulher é como a água. Mais cedo ou mais tarde, quando a água cai na rocha, esta desaparece e vira areia; é apenas uma questão de tempo. No primeiro contato da água com a rocha, esta é tão forte e a água tão delicada que você não pode imaginar logicamente que um dia a água destruirá a rocha, que a rocha desaparecerá como areia e a água ainda estará ali.

É isso que Lao Tzu chama de "o caminho da água corrente", a força do feminino.

A energia do masculino é a do cortador de lenha. Você observou um cortador de lenha trabalhando? Essa é a energia masculina, destrutiva, agressiva, violenta. A energia feminina é a do surfista. O masculino luta contra a vida em vez de nadar com ela; o feminino vai com ela, nada com ela, não luta contra ela. O feminino é flexível, tem maleabilidade, é mais líquido.

Se alguém estiver praticando arco-e-flecha, poderá praticá-lo como uma energia masculina, e então se tornará tecnicamente um especialista, mas perderá a arte mais profunda.

Lieh Tzu treinava arco-e-flecha e atingia o alvo.

Ora, esse é o entendimento masculino. Se você atingir o alvo, aprendeu a arte. O que mais é necessário? Se em cem tentativas você puder acertar o alvo cem vezes, o que mais é necessário?

No Japão, um professor alemão, Herrigel, estava aprendendo arco-e-flecha com um mestre zen. Ele se tornou perfeito, cem por cento perfeito, não errava nenhum alvo. Naturalmente, ele disse ao mestre: "Agora o que resta aprender aqui? Posso ir embora agora?"

O mestre respondeu: "Você pode ir, mas não aprendeu nem o bê-á-bá da minha arte".

Herrigel disse: "O bê-á-bá da sua arte? Mas eu sempre acerto o alvo!"

O mestre replicou: "Quem está falando em alvo? Qualquer tolo pode fazer isso, basta praticar. Isso não tem nada de mais; agora é que começa a coisa de verdade.

"Quando um arqueiro pega o arco e a flecha e mira o alvo, há três coisas aí: uma é o arqueiro, o mais fundamental e básico, a fonte, a essência; depois há a flecha, o que passará do arqueiro para o alvo; e depois há o "olho do touro", o alvo, o ponto mais distante. Se você acertou o alvo, atingiu o mais distante, tocou a periferia. Você precisa tocar a fonte; você se tornou tecnicamente um especialista em atingir o alvo; mas, se estiver tentando penetrar nas águas mais profundas, isso não é muito. Você é um especialista, é uma pessoa de conhecimento, mas não de sabedoria.

"A flecha se movimenta a partir de você, mas você não sabe de que fonte vem a energia que a movimenta, com qual energia. Como ela se movimenta? Quem a está movimentando? Você não sabe isso, não conhece o arqueiro. Você praticou arco-e-flecha, o alvo você acertou, sua pontaria foi cem por cento perfeita, você se tornou eficiente com um nível de perfeição de cem por cento, mas isso se refere ao alvo. E você? E o arqueiro? Alguma coisa aconteceu no arqueiro? Sua consciência mudou um pouco? Não, nada mudou. Você é um técnico e não um artista."

Os taoístas dizem que o importante é perceber a fonte de onde vem essa intenção, de onde vem essa pontaria, de onde essa flecha extrai energia. Quem é esse que foi bem-sucedido? Qual é a energia? Que tipo de ser está oculto por trás de você? Esse é o alvo verdadeiro. E se esse é o alvo e às vezes você erra o alvo exterior, isso não é problema.

Conta-se a respeito de um grande arqueiro do Japão que sempre errava o alvo. Ele era o maior dos mestres, mas nunca era capaz de acertar precisamente o alvo. Qual era sua maestria? Sua maestria era de um tipo totalmente diferente; ele penetrou na fonte, fez do alvo o seu centro.

A periferia não é o ponto. Você pode ser bem-sucedido ou pode fracassar, mas esse não é absolutamente o que importa. O importante é: você foi bem-sucedido em centrar-se em seu próprio ser? Esse alvo foi atingido?

Ser bem-sucedido com relação ao alvo exterior é a energia masculina; ser bem-sucedido com relação à sua fonte interior é a energia feminina. Para ser bem-sucedido com a fonte exterior você precisa ser agressivo, ambicioso, concentrado, atento, ir para fora, ser extrovertido; a flecha irá para fora, irá cada vez para mais longe de você, se distanciará do seu ser. A flecha irá para o mundo.

Para penetrar no seu centro, a pessoa precisa ser feminina, passiva, inativa, não fazer, não interferir, estar em um estado de fazer por meio do não-fazer, ser meditativa; são necessários meditação e relaxamento, e não concentração. A pessoa precisa relaxar completa e inteiramente. Quando você não estiver fazendo coisa alguma, estará em seu centro; quando você estiver fazendo alguma coisa, afastou-se do seu centro; quando você faz demais, está distante demais. Aproximar-se significa que você está abandonando suas atividades, que está aprendendo a ser inativo, que está aprendendo a ser um não-executante.

O mestre de Herrigel lhe disse: "Você se tornou um executante, um perfeito executante, mas isso não é o que importa. Isso você poderia ter aprendido na Alemanha, não havia necessidade de vir ao Japão. As artes masculinas estão disponíveis no Ocidente; não há problema, você pode aprender a lançar a flecha; mas, se veio ao Japão, ao Oriente, então, por favor, aprenda o que interessa. Agora você precisa pegar o seu arco sem ser um executante, precisa lançar sua flecha sem ser um lançador, precisa acertar o alvo sem mirar. Não deveria haver tensão, nenhum esforço, nenhum fazer de sua parte. Você precisa apenas ser passivo, precisa deixar acontecer, em vez de fazê-lo. Então você estará centrado".

Você sabe a diferença quando faz uma coisa e quando a deixa acontecer? Se você souber a diferença, poderá entender essa parábola, do contrário será difícil.

Deixe-me lembrar-lhe, porque você pode não ter percebido. Às vezes, ao fazer amor, você foi um executante, e então você não aproveitou. Sim, houve um alívio sexual, mas esse não foi um orgasmo verdadeiro. Às vezes, a relação não foi um fazer, e você deixou que ela acontecesse; então, certamente ela foi um alívio, mas com algo adicional; ela foi um orgasmo, teve uma sensação de expansão; você se tornou vasto e tocou as próprias fronteiras da existência. Naquele

momento você desapareceu como um ego, não estava atuante e pulsava de um núcleo a outro, pulsava em todas as suas camadas, mas você não era o autor. Traga o autor e a pulsação pára; abandone o autor e a pulsação começa de novo.

Às vezes, ao nadar em um rio, você começa a boiar. Nadar é gostoso, mas não é nada comparado a boiar. Às vezes, apenas ficando deitado no rio, sem fazer nenhum esforço, você começa a flutuar com ele; então você conhecerá uma qualidade totalmente diferente de experiência. O rio o toma nos braços, o sustenta, o rio e você deixam de ser inimigos, há uma espécie de conexão interior. Você entrou em sintonia com a energia do rio; sua energia e a energia do rio estão fazendo amor e há um orgasmo.

Às vezes, ao ficar sentado em silêncio, sem fazer nada, você fica consciente de um estado de entrega, e há uma bênção. Às vezes, ao olhar para as estrelas ou para as árvores, de repente acontece... Você não estava fazendo coisa alguma.

Esses momentos acontecem na vida de todos; eles vêm sem serem pedidos, só vêm quando você não está esperando, só vêm quando o seu ego não está presente; eles entram furtivamente quando as suas portas estão abertas e você está relaxado. Às vezes do nada ou de lugar nenhum surge uma grande bênção. Esses momentos vêm a todos, mas você não os observou, não os notou. Essas são dádivas da existência, são lembretes: "Você está em uma terra estranha; volte para casa". Esses são lembretes. Sempre que houver uma oportunidade, sempre que você permitir, a existência insiste em bater repetidamente à porta do seu coração.

No domingo de manhã, você pode continuar na cama pois não precisa ir ao escritório; as crianças estão acordadas e correndo pela casa, sua mulher está preparando o café da manhã e você ouve o som da chaleira; os carros passam lentamente lá fora... você se vira na cama, puxa de novo o cobertor e não há pressa, não há para onde ir, pois é domingo. O Cristianismo deu apenas uma coisa boa ao mundo: o domingo. O Hinduísmo não tem domingo. O domingo é a maior contribuição do Cristianismo; você pode sonhar um pouco mais, pode cair de novo no sono. Há os sons e cheiros da cozinha, o desjejum está sendo preparado e você está descontraído, sem tensões, e, repentinamente, você se sente imensamente bem. A vida tem sentido, algo floresceu em você, algo desconhecido entrou em você. Esses são os momentos em que você é feminino.

Ao correr para o escritório, você se torna masculino. Você pode caminhar na rua que percorre todos os dias para ir ao escritório, mas, quando está só fazendo uma caminhada, você é feminino. Quando você está fazendo uma caminhada, sem ir a um lugar específico, você está apenas desfrutando os pássaros nas árvores, o vento, a manhã, o sol da manhã, as crianças rindo, as crianças indo para a escola... Você está desfrutando e não está indo a nenhum lugar em particular, e a qualquer momento você pode voltar para casa; não há objetivo, não há um propósito, você está simplesmente desfrutando uma caminhada matutina, e de repente acontece aquele momento de entrega.

Observe esses momentos de entrega, pois eles são mensagens do além. Observe esses momentos de entrega, acalente-os, prove-os mais, dê-lhes boas-vindas, de tal modo que fiquem cada vez mais ao seu alcance. Receba o hóspede com gratidão para que ele comece a vir com mais freqüência.

O Tao diz que o real só acontece quando você se encontra em um tal estado de relaxamento difuso que não possa dizer "Eu existo". "Eu existo" significa que você está tenso.

Lieh Tzu treinava arco-e-flecha e atingia o alvo. Ele procurou conselho de Kuan-Yin, que lhe perguntou: "Você sabe por que acerta o alvo?"

Kuan-Yin é um mestre taoísta e um arqueiro. Lieh Tzu disse: "Tornei-me um especialista; tecnicamente, atingi o objetivo, pois acerto o alvo".

O mestre perguntou: "Você sabe por que acerta o alvo? A partir de onde? Quem é você? Quem é esse que acerta o alvo? Você observou profundamente a fonte de suas energias? Esqueça-se do alvo e olhe para o arqueiro. O arco-e-flecha você aprendeu, mas o que dizer do arqueiro? Agora você precisa aprender o arqueiro, e os processos são muito diferentes. Você aprendeu arco-e-flecha, mas, se quiser aprender o arqueiro, terá de desaprender o arco-e-flecha".

Ao aprender, você conhece o mundo;
ao desaprender, conhece a si mesmo.
Ao aprender, você acumula conhecimento;
ao desaprender, torna-se um sábio.
Ao aprender, você armazena; ao desaprender,
fica despido, vazio.

O mestre perguntou: "Você sabe por que acerta o alvo?" Por que ele perguntou? É isso que Sócrates quer dizer quando fala a seus discípulos que não vale a pena viver uma vida se ela não for examinada. Você pode ser bem-sucedido, mas não vale a pena vivê-la se ela não foi examinada tão profundamente a ponto de você conhecer a sua própria fonte, a sua própria fundação.

Você vê as flores de uma árvore, mas esse não é o conhecimento real, a menos que você penetre fundo e conheça as raízes. As flores dependem das raízes; elas nada mais são do que a expressão da essência das raízes. As raízes estão carregando a poesia, a fonte, a seiva que se tornarão as flores, que se tornarão os frutos, que se tornarão as folhas. E, se você contar continuamente as folhas, as flores e os frutos e nunca penetrar na escuridão da terra, nunca entenderá a árvore, pois a árvore está nas raízes.

Onde estão as raízes do arqueiro? Você foi bem-sucedido em acertar o alvo, e esse é um florescimento, mas onde estão as suas raízes? Você sabe por que acertou o alvo? Você sabe por que essas flores desabrocharam? Você sabe de onde, a partir de que fonte? A flor é a última atividade, a mais periférica; as raízes são a semente, a atividade primária, o básico, e podem existir sem as flores, mas as flores não podem existir sem as raízes. Você pode cortar as flores e uma outra flor virá; na verdade, uma flor muito melhor virá. Se você cortar a flor, as raízes imediatamente aceitarão o desafio e enviarão uma flor maior. Elas dirão: "Vamos ver quem vai ganhar".

Eu tinha um jardineiro, uma pessoa muito rara, um mestre na jardinagem que costumava ganhar todas as competições da cidade. Ninguém era capaz de produzir flores tão grandes quanto as dele, todos os tipos de flor. E eu lhe perguntei: "Qual é o seu segredo?"

Ele respondeu: "Este é o meu segredo: eu desafio as raízes".

Eu perguntei: "O que você quer dizer com isso?"

Ele disse: "Eu corto as flores, não deixo que flores comuns desabrochem; e, se a árvore puder dar cem flores, deixo apenas uma e descarto noventa e nove; eu as corto imediatamente porque é um desperdício. E as raízes ficam cada vez mais malucas e furiosas, e então vem a maior das flores, como se todas as cem flores se transformassem em uma. Finalmente as raízes vencem. Esse é o meu segredo, eu as deixo malucas".

Você pode insistir em cortar a flor, mas ela virá novamente; corte uma outra e ela será substituída. Mas corte as raízes, e a árvore morre.

O mestre perguntou: "Você sabe por que acerta o alvo?" E, sem hesitação, sem esperar um único momento, o discípulo disse: "Não". Isso é honestidade; o discípulo é realmente um discípulo. Ele é o próprio Lieh Tzu, a pessoa sobre quem estamos falando. Ele disse: "Não". Isso é honestidade.

Se eu lhes perguntar: "Você sabe quem você é?", apenas os muito honestos dirão que não sabem. Os desonestos começarão a ruminar e dirão: "Deixe-me pensar a respeito". O que você irá pensar? Se você sabe, você sabe; se não sabe, não sabe. Sobre o que você irá pensar? Pensar significa que você tentará arranjar uma resposta, tentará criar uma resposta. É muito difícil encontrar uma pessoa que possa admitir que não sabe, e é essa a pessoa que pode se tornar um discípulo verdadeiro, essa é a pessoa que um dia poderá saber.

Você não dirá, "Não". Alguém dirá: "Sim, Deus existe, eu sei", e uma outra pessoa dirá: "Sei que Deus não existe", mas ambos acham que sabem. Ninguém é capaz de dizer: "Eu não sei".

Lieh Tzu disse "Não"; ele é um discípulo real, um discípulo verdadeiro e autêntico. O discípulo precisa abrir o coração para o mestre, precisa estar despido, não deve ocultar nada, porque, se você ocultar do mestre, nunca se desenvolverá.

Lieh Tzu respondeu: "Não".

Então o mestre disse: "Ele ainda não foi atingido". Isso é bom, você progrediu, e seu não é uma boa indicação, mas ele ainda não foi atingido. Você terá de seguir adiante, ainda terá de seguir adiante.

Lieh Tzu foi embora para praticar e, três anos depois, novamente se apresentou a Kuan-Yin.

O que Lieh Tzu fez durante três anos? Ele já acertava o alvo, então o que ficou fazendo durante três anos? A parábola não diz... porque essa é uma parábola sobre a qual meditar. A parábola diz apenas algumas coisas e deixa

道

muitas outras sem serem ditas, de tal modo que você precisa meditar e preencher os espaços vazios. Você precisa descobrir onde estão as lacunas, e nessas lacunas está a coisa real.

O que ele fez durante três anos? Quando você acerta o alvo, o que mais você pode fazer? Agora ele estava desaprendendo. O aprendizado terminou, ele acertava o alvo. O aprendizado estava completo, então o que mais poderia ser feito? Ele estava desaprendendo ou estava voltando seus olhos para dentro.

Observe. Quando um arqueiro pega o arco e a flecha nas mãos, seus olhos estão no alvo, naturalmente. Então, o que Lieh Tzu ficou fazendo durante três anos? Quando ele erguia o arco e a flecha, olhava para o alvo, mas no fundo olhava para si mesmo. O alvo se tornou secundário, e a flecha de sua consciência se tornou dupla, o que Gurdjieff chama de lembrança de si mesmo.

Quando olha para mim, você está me vendo; sua consciência tem uma só direção, está apontada para mim. Se você mudar... Você pode fazer isso agora mesmo, e será bom fazê-lo para poder compreender. Você está olhando para mim, seus olhos estão dirigidos para mim. Se estiver realmente direcionado para mim, você se esquecerá de si mesmo. Esse é um tipo de esquecimento. Agora torne a consciência duplamente direcionada: olhe para mim e, ao mesmo tempo, simultaneamente, olhe para si mesmo. Olhe para o que está sendo olhado e para o que olha.

Quando você estiver ouvindo alguém, ouça, mas sempre fique consciente também daquele que ouve. A pessoa que fala precisa ser ouvida, e a que ouve também precisa ser ouvida. Então, a sua consciência está duplamente direcionada. No momento, ela é um tráfego de mão única: você olha para mim e não está olhando para si mesmo. Esse é um tipo de esquecimento de si mesmo. Se você olhar para mim e, ao mesmo tempo, tornar-se capaz de olhar para si mesmo, nesse momento acontece a autoconsciência.

O que Lieh Tzu fez durante três anos na floresta foi uma tarefa árdua. Aprender foi simples, ele era masculino. Agora ele tinha de se tornar feminino. Primeiro ele estava tentando penetrar no alvo exterior; agora começou a ir para dentro, para dentro do útero de seu próprio ser. Ele se tornou feminino.

O conhecimento é agressão; a sabedoria é passividade.

Há dois tipos de mente citados no Tao: um é chamado de *mui* e o outro de *ui*. *Mui* significa "natural", "relaxado"; *ui* significa "artificial, tenso". Quando você está lutando contra a vida, existe como *ui*; quando você está fluindo com a vida, existe como *mui*. Ao nadar, você funciona como *ui*; ao flutuar, você funciona como *mui*.

Quando você se encontra em um estado de entrega, essa é a mente natural em sintonia com o todo, em sintonia com o Tao. Então o cantar dos pássaros não é uma distração; pelo contrário, eles enriquecem o silêncio. Então tudo é permitido, todas as portas se abrem; você não está resistindo, não está lutando, você simplesmente existe. Esse é o estado de *mui*.

Primeiro Lieh Tzu aprendeu e criou o estado de *ui*; ele se tornou muito agressivo, extrovertido, dirigido para o exterior. Isso era ambição, e ele foi bem-sucedido, atingiu o seu objetivo. Então o mestre disse que isso não era nada, que ele precisava seguir em frente. O que ele fez durante três anos? Ele se tornou *mui*, relaxou; sentava-se em silêncio e sentia a entrega. E, de vez em quando, ele pegava o arco e a flecha e lançava a flecha em um estado de entrega. Ele não a lançava, mas permitia que ela fosse lançada. Isso é difícil; ele não a lançava, mas esperava que ela lançasse a si mesma.

Herrigel tentou com seu mestre, mas não conseguiu ser bem-sucedido. Então, um dia, desesperado, ele disse: "Acho que não serei capaz de me sair bem, não entendo o que é esse *mui* de que você fala; isso é uma tolice. Como a flecha pode lançar a si mesma se eu não a lanço? Se não puxo o arco, como as coisas podem acontecer por conta própria? Isso é impossível".

Podemos entender Herrigel. Essa é toda a atitude ocidental: "É impossível".

O mestre disse: "Então você pode ir embora".

Herrigel perguntou: "Você me dará um certificado?"

O mestre respondeu: "Impossível, porque você não aprendeu nada. Tudo o que você aprendeu poderia ter aprendido em qualquer outro lugar, então não tem nenhuma importância o fato de você estar aqui. Pode ir embora". Assim, Herrigel comprou sua passagem, tomou todas as providências para partir e se esqueceu de tudo. Ele ficara ali durante três anos, e esse é um bom tempo.

Ele foi se despedir do mestre, mas o mestre estava ensinando outros discípulos, então ele teve de esperar. Ele se sentou em um banco enquanto o mestre ensinava e, pela primeira vez, ficou relaxado, porque agora não estava mais preocupado; ele estava indo embora, tinha terminado com tudo aquilo e não tinha mais ambições. Não havia esforço, e ele simplesmente olhou e pôde perceber que o mestre não estava lançando a flecha.
O mestre pegou o arco nas mãos, puxou-o, mas a flecha se lançou por si mesma.
Ele conseguiu perceber, foi uma visão. Ele não pôde acreditar como havia deixado de notar aquilo até então!

Repetidamente, ele observou o mestre durante três anos, mas a sua mente lógica fora uma interferência e não permitira que ele visse. Ele disse: "Como pode ser? Ele pode ter mais prática, mas como a flecha pode ir por si mesma?" Naquela manhã, ele conseguiu perceber isso. Agora ele estava relaxado e sem se preocupar em chegar a algum lugar. Quando você não está mais ocupado com esforços, ambições e desejos, você fica relaxado.

Ele correu para o mestre, tocou seus pés e, sem dizer nada, pegou o arco da mão dele e deixou que a flecha fosse lançada. E o mestre pôs a mão em sua cabeça e disse: "Você conseguiu e pode receber o certificado. E você pode ir, porque agora não é mais preciso esperar. Está terminado; você agora sabe, já saboreou".

As coisas podem acontecer por si mesmas. Você nasceu e não manipulou isso; você se apaixonou e não fez isso. A fome vem, você come, sente-se satisfeito; a sede vem, você bebe e fica saciado; você é jovem, envelhecerá e um dia morrerá. Tudo está acontecendo, e o agente é uma ilusão. Fique no estado de *mui*.

A sociedade cria o estado de *ui*, torna-o artificial, tenso, erudito, culto, civilizado, mas isso cria uma crosta dura em torno do seu coração e você perde a sua real natureza, o Tao.

Lieh Tzu foi embora para praticar e, três anos depois, novamente se apresentou a Kuan-Yin. "Você sabe por que acerta o alvo?", novamente a mesma pergunta. *"Eu sei"*, respondeu Lieh Tzu. Novamente a resposta é simples, tão simples quanto o primeiro "Não", e não é um fingimento. Quando uma pessoa finge, ela pensa antes de dizer que sabe, tenta ensaiar em sua mente, e é isso que chamamos de pensar. Da parte de Lieh Tzu, a resposta não tem nenhum pensar. Ela é como ela é. Primeiro ele disse simplesmente "Não", e agora exatamente da mesma maneira humilde e sem nenhuma pretensão, lembre-se, ele diz "Eu sei".

Muitas vezes você fica envolvido demais com as palavras. Os *Upanishads* dizem que a pessoa que diz "Eu sei" não sabe. Certo, mas pode haver uma pessoa que diz "Eu sei" e que sabe. Se você puder dizer "Eu sei" de uma maneira simples e humilde, sem nenhuma pretensão, então não há problema. Quando os *Upanishads* dizem que, se uma pessoa diz "Eu sei", ela não sabe, a ênfase do profeta que escreveu os *Upanishads* recaiu sobre o "eu". Quando alguém diz "Eu sei", a ênfase está no "eu", o "eu" está sublinhado. Quando uma pessoa *realmente* sabe e diz "Eu sei", o "eu" não está sublinhado. O "sei" é apenas um fato. Como Lieh Tzu pode dizer alguma coisa que não é verdadeira? Se ele sabe, ele sabe; e ele precisa dizer, mas isso não é uma pretensão.

Não fique tão sobrecarregado de palavras, mas as pessoas ficam muito sobrecarregadas de palavras. Por exemplo, se um védico ler isso, dirá: "Ele diz 'Eu sei', então não pode saber, pois é isso o que os *Upanishads* dizem." Palavras são palavras, e a pessoa precisa sentir a essência das palavras, o coração das palavras.

Quando Lieh Tzu diz "Eu sei", ele sabe. E seu "Eu sei" significa exatamente o mesmo do que o "Eu não sei" dos *Upanishads*, exatamente o mesmo do "Eu nada sei" de Sócrates. Ao dizer "Eu nada sei", Sócrates está negando o "eu". Mas, ao dizer "Eu sei" como um fato simples, como um fato comum, sem nenhuma pretensão, Lieh Tzu está fazendo um milagre muito maior, porque às vezes um enganador pode fingir e dizer "Eu não sei" na esperança de que você ache que ele sabe. Porque os *Upanishads* e Sócrates afirmam isso, um enganador pode dizer "Eu não sei" na esperança de que você o considere um sábio, um outro Sócrates. A mente é muito ladina. Assim, lembre-se de uma coisa: se a mente for simples, humilde e simplesmente relatar o fato, então essa é a verdade, seja qual for o fato.

"Ele já foi atingido", disse o mestre.

Ele disse muito tranqüilamente: *"Ele já foi atingido"*. A questão não é o que Lieh Tzu está dizendo, mas o que Lieh Tzu é, a simplicidade, a humildade, a suavidade da pessoa, a inocência da pessoa. Quando você diz: "Eu sei", surge um ego sutil. Basta dizer as palavras "Eu sei" e sentirá um ego sutil se fortalecendo em você.

O mestre deve ter olhado para o interior de Lieh Tzu. Os mestres não olham para você, mas para seu interior; eles não olham para o seu

rosto, mas para o seu coração. Quando Lieh Tzu disse "Eu sei", ele deve ter investigado o coração. Alguma coisa surgiu ali? Algo se integrou, tornou-se um ego? Nada, o espaço continuou intocado, virgem. Ele disse: "Eu sei", e nada aconteceu dentro dele. O mestre disse:

"Ele já foi atingido. Agarre-se a essa consciência e não a perca."

É difícil ter um vislumbre desse estado de entrega e é muito fácil perdê-lo, porque, durante séculos, durante muitas vidas, praticamos o fazer. Quando acontecem esses momentos de não-fazer, toda a nossa prática de muitas vidas, todo o nosso hábito e todo o nosso mecanismo ficam contrários a esses momentos. Esse acontecimento é um rompimento, e seu passado lutará para fechar as portas novamente.

É por isso que o mestre diz: "Agarre-se a essa consciência e não a perca". Este é o tesouro, o reino de Deus dentro de você. Este é o tesouro: estar em um estado relaxado e permitir que o Tao atue. Agora Lieh Tzu não estava fazendo nada. Sim, ele pegou o arco e a flecha, mirou o alvo, mas ele não estava ali; era o Tao nele.

Isso se aplica não apenas ao arco-e-flecha, mas ao domínio de si mesmo. Por isso, o sábio examina minuciosamente não o fato da sobrevivência ou da ruína, mas as suas razões.

"Isso se aplica não apenas ao arco-e-flecha, mas ao domínio de si mesmo". Na verdade, no Tao e no Zen o arco-e-flecha é apenas uma maneira de aprender algo sobre a vida. Quando alguém o insulta, lembre-se de que a pessoa que o insultou está fora de você, na periferia, como o alvo. Você está fundo dentro de si mesmo, a fonte. E entre você e a pessoa que insulta está a mente, como a flecha.

Se a sua mente estiver dirigida para a pessoa que o insultou, você errará o alvo. Deixe que ela esteja dirigida para a fonte. Em vez de pensar que ela o insultou, investigue seu próprio ser: você deve estar carregando alguma ferida, e por isso se sente insultado. Do contrário, como alguém pode insultá-lo?

Se alguém o chamar de tolo e você se sentir insultado, isso simplesmente significa que você acha que é muito sábio, e nada mais. Se você próprio achar que é um tolo, abraçará a pessoa e dirá: "Está certo! Exatamente isso! É assim que eu me sinto!" Então onde está o insulto?

Se alguém diz que você é um ladrão e você se sente humilhado, isso simplesmente significa que você sempre pensou que era um grande moralista, virtuoso, isso e aquilo; mas no fundo você também sabe que é um ladrão. Ele tocou na ferida do seu ser, em um ponto frágil. Ora, há duas possibilidades: ou você salta sobre ele e prova que não é um ladrão ou olha para dentro de si mesmo.

Sempre vá para a fonte. Na Ioga, ir para a fonte é chamado de *pratyahara*; Mahavira chama esse ir para a fonte de *pratikramana*; Jesus o chama de "arrepender-se". Os cristãos entenderam mal. *Arrepender-se* nada tem a ver com arrependimento. Originalmente, arrepender-se significava "retornar, voltar, ir para dentro de si mesmo". Os gregos têm a palavra certa para isso: *metanóia*, voltar-se para si mesmo, dar um giro de cento e oitenta graus. Em alguns livros antigos de mistério você deve ter visto o símbolo de uma serpente engolindo o próprio rabo; isso é *metanóia*.

Volte-se para si mesmo. Em vez de ir para o outro, vá para si mesmo, volte-se, deixe que a sua flecha faça meia volta e retorne para a fonte de onde ela partiu. Alguém o insultou e surgiu uma perturbação; esse é o ponto de partida da flecha. A flecha começa a se mover na direção da outra pessoa, deseja atingir a outra pessoa, insultá-la. Não se deixe enganar por isso, deixe que ela faça meia volta, gire cento e oitenta graus e volte para você, de onde ela partiu, de onde você sentiu a perturbação. Deixe que ela volte para lá, observe esse ponto.

Essa pode se tornar a chave para uma transformação interior. Um novo ser é possível. O arco-e-flecha é apenas uma estratégia; os taoístas criaram muitas estratégias, mas em todas elas o básico, o essencial, é voltar-se para a própria natureza.

Medite sobre essa parábola e comece a usá-la em sua vida. Primeiro, procure momentos de entrega; espere por eles, receba-os com grande acolhimento e deleite, convide-os a vir repetidamente, torne-se mais feminino.

Segundo, se houver alguma ocasião na qual a sua flecha comece a se voltar para fora, lembre-se e volte-a imediatamente para dentro. Volte-a para dentro; em vez de ir para fora, vá para dentro! Se alguém o insultar e você ficar irritado, se uma bela mulher passar e você ficar excitado e a sexualidade vier à tona, volte-se para dentro em vez de voltar-se para fora. Uma bela mulher passando não é o alvo real; você tem alguma sexualidade em você, então vá para a fonte, deixe que essa seja uma grande oportunidade para a meditação. Transforme cada oportunidade comum em meditação, e grande será a recompensa. Cada momento começará a ficar luminoso.

E lembre-se de que não existem atividades mundanas e profanas. Todas as atividades podem ser transformadas em meditação, precisam existir. Essa é também a minha mensagem. A meditação não precisa ser algo separado da vida; ela precisa se tornar a essência da vida. Cada atividade, pequena ou grande, precisa ser luminosa com a percepção meditativa. Então você perceberá que cada atividade o leva à sua essência, cada atividade o leva ao lar, cada atividade se torna uma libertação.

Cada atividade precisa voltar para a fonte original. A raiva que surge do seu ser precisa voltar para o seu ser; o sexo que surge do seu ser precisa voltar para a própria fonte. Lá, onde o alfa e o ômega se encontram, onde o princípio e o fim se encontram, onde a serpente se volta para o próprio rabo e começa a devorá-lo, você se torna completo, um círculo inteiro. Esse é o estágio do sábio.

PARTE CINCO

ko hsuan:

nenhuma doutrina, nenhum ensinamento

A consciência só é vivenciada quando você está descondicionado e não recondicionado novamente, quando você é deixado sozinho consigo mesmo, completamente inocente. Pode-se chamar isso de pureza. Essa é a essência do Tao de Ko Hsuan. Os versos de Ko Hsuan são chamados de O Clássico da Pureza. O Tao não tem doutrinas, não tem ensinamentos. Ele acredita no vazio absoluto da mente, no nada. Quando você está completamente vazio, entra em contato com o além. O além não está distante, mas você está tão cheio de lixo, tão cheio de imundície que não há espaço para o além entrar em você. É como uma sala cheia de móveis. Esvazie a sala de todos os móveis. Por um lado, ela vai ficando vazia, todas as mobílias são removidas dela; por outro lado, a sala vai ficando cheia de vazio, o céu está entrando, o espaço está entrando — a sala está ficando mais espaçosa. É isso o que acontece quando o seu ser é descondicionado e deixado em paz.

道

o clássico da pureza

O Clássico da Pureza é um dos lampejos mais profundos com relação à natureza. Chamo-o de lampejo, não de doutrina, não de filosofia, não de religião, porque ele absolutamente não é intelectual, mas existencial. A pessoa que está falando não está falando a partir da mente e também não está falando como ela mesma; ela é apenas uma passagem vazia para a própria existência dizer algo por meio de si.

É ASSIM QUE OS GRANDES MÍSTICOS sempre viveram e falaram. Essas não são suas próprias palavras; eles já não existem, desapareceram há muito tempo; trata-se do todo se despejando por meio deles. Suas expressões podem ser diferentes, mas a fonte é a mesma. As palavras de Jesus, de Zaratustra, de Buda, de Lao Tzu, de Krishna e de Maomé não são palavras comuns, não estão vindo da memória, mas da experiência. Eles tocaram o além, e, no momento em que toca o além, você evapora e não pode mais existir. Para Deus existir, você precisa morrer.

Esse é um lampejo taoísta. Tao é outro nome para Deus, muito mais belo do que Deus, pois a palavra "Deus" foi explorada demais pelos sacerdotes. Em nome de Deus, eles exploraram por tanto tempo que até a palavra ficou contaminada. Qualquer pessoa de inteligência inevitavelmente a evitará, pois ela o faz lembrar todas as tolices que aconteceram através dos tempos sobre a terra em nome de Deus e da religião. Mais danos aconteceram em nome de Deus do que em nome de qualquer outra coisa.

Nesse sentido, o Tao é imensamente belo. Você não pode venerar o Tao porque ele não lhe dá nenhuma idéia de uma pessoa. Ele é simplesmente um princípio e não uma pessoa. Não se pode venerar um princípio, não se pode rezar para o Tao. Rezar para um princípio pareceria ridículo; seria completamente absurdo. Você não reza para a lei da gravidade ou para a teoria da relatividade.

Tao simplesmente significa o princípio supremo que une toda a existência. A existência não é um caos, isso é certo. Ela é um cosmos; nela existe uma imensa ordem, uma ordem intrínseca, e o nome dessa ordem é Tao.

Tao significa simplesmente a harmonia do todo. Nenhum templo foi construído para o Tao, nenhuma estátua, nenhuma prece, nenhum sacerdote, nenhum ritual; essa é a sua beleza. Daí ele não poder ser chamado de doutrina ou de religião; ele é puro lampejo. Você pode chamá-lo de Darma; essa é a palavra de Buda para o Tao. Na nossa língua, a palavra que chega mais próxima de Tao é *Natureza*, com N maiúsculo.

Esse profundo lampejo de Ko Hsuan também é um dos menores tratados já escritos. Ele é muito condensado, como se milhões de rosas fossem condensadas em uma gota de perfume. Essa é a maneira antiga de expressar a verdade, pois não havia livros e as pessoas precisavam lembrá-la.

Conta-se que *O Clássico da Pureza*, de Ko Hsuan, é um dos primeiros tratados místicos escritos como livro. Ele não é bem um livro, não mais do que algumas páginas, mas existiu por centenas de anos antes de ser escrito, por meio da transmissão boca a boca. Essa sempre foi a maneira mais importante de se transmitir a verdade. Escrevê-la torna-a mais difícil, porque então nunca se sabe quem irá lê-la; ela perde toda a proximidade do contato e do toque pessoal.

No Egito, na Índia, na China e em todas as civilizações antigas, por milhares de anos a mensagem mística foi transmitida de pessoa para pessoa, do mestre para o discípulo. E o mestre só dizia essas coisas quando o discípulo estava pronto ou só transmitia o tanto que o discípulo poderia digerir. De outra maneira, palavras também podem produzir diarréia, e certamente a produzem; a nossa era sofre muito disso.

Durante séculos, todos os místicos resistiram a anotar seus lampejos por escrito. Esse foi o primeiro tratado escrito e essa é a sua importância. Ele marca uma certa mudança na consciência humana, uma mudança que provou ser de grande importância mais tarde, porque, muito embora seja belo comunicar diretamente, de pessoa para pessoa, a mensagem não pode atingir muitas pessoas dessa forma; fatalmente muitas a perderão. É verdade; se ela não for escrita, não cairá em mãos erradas, mas muitas mãos certas também permanecerão vazias. E deve-se pensar mais nas mãos certas do que nas erradas. As pessoas erradas continuarão sendo erradas se um profundo lampejo cair nas mãos delas ou não, mas as pessoas certas perderão algo que poderia transformar seus seres.

Ko Hsuan, que escreveu esse pequeno tratado, fez um marco na consciência da humanidade. Mesmo sabendo de todos os seus perigos, ele entendeu a importância da palavra escrita. No prefácio, ele escreve: "Antes de escrever estas palavras, contemplei dez mil vezes se escreveria ou não, pois estava dando um passo perigoso". Antes dele, ninguém teve tanta coragem, mas ele também diz: "Contemplei dez mil vezes", pois este não é um assunto qualquer.

Até uma pessoa como Buda contemplou durante sete dias antes de proferir uma única palavra. Quando ele se iluminou, durante sete dias permaneceu em completo silêncio, hesitando sobre se diria alguma coisa ou não.

> *"A menos que você tenha saboreado algo da não-mente, não poderá entender um paradoxo."*

Sua questão era: "Qual é o sentido de falar sobre lampejos tão profundos para pessoas que não podem entender? Eles entenderão mal, interpretarão mal e irão prejudicar a mensagem. Em vez de permitir que a mensagem os cure, eles ferirão a própria mensagem, manipularão a mensagem de acordo com suas próprias mentes e preconceitos. Está certo permitir que a mensagem seja poluída pelos tolos, pelos medíocres, pelos ignorantes?"

Buda estava hesitante, muito hesitante. Sim, ele também pensou nas poucas pessoas que seriam capazes de entendê-la, mas então pôde perceber: "As pessoas que serão capazes de entender as minhas palavras serão capazes de encontrar a verdade por conta própria, porque elas não podem ser pessoas comuns. Elas terão de ser as pessoas mais inteligentes; do contrário, não seriam capazes de entender o que lhes digo. Se elas puderem entender as minhas palavras, serão capazes de encontrar seus próprios caminhos, serão capazes de alcançar a verdade por si mesmas. Então, por que me preocupar com elas? Talvez demore um pouco mais para elas. E daí? Pois existe a eternidade, o tempo não é curto. Mas, uma vez que chegue a mãos erradas, a mensagem será corrompida para sempre". Buda hesitou em dizer alguma coisa.

Eu posso entender as dez mil reflexões de Ko Hsuan sobre o assunto, se escreveria sobre ele ou não, pois, quando você *diz* algo às pessoas, se elas forem estúpidas, logo esquecerão. Se elas forem medíocres, não se importarão nem em escutar, não darão importância. Mas, uma vez escrito, elas o lerão e o estudarão, e o assunto fará parte de suas escolas, colégios e universidades; os eruditos ponderarão a respeito e escreverão grandes tratados sobre o assunto.

Pessoas que nada sabem falarão a respeito durante séculos, e a verdade será perdida em todo esse barulho que os eruditos fazem. Eles argumentarão contra e a favor.

Conta-se que, certa vez, um discípulo do demônio chegou correndo e lhe disse: "O que você está fazendo sentado aqui sob essa árvore? Você não ouviu? Um homem encontrou a verdade! Precisamos fazer alguma coisa urgentemente, pois, se esse homem realmente encontrou a verdade, a nossa existência está em perigo, a nossa profissão está em perigo; ele pode cortar nossas raízes".

O velho demônio riu e disse: "Acalme-se, por favor. Você é novato, e por isso está tão perturbado. Não se preocupe, tenho a minha equipe, e ela já começou a trabalhar".

O discípulo afirmou: "Mas eu não vi ninguém de nós lá".

O demônio disse: "Eu trabalho de muitas maneiras. Os eruditos estão lá, os instruídos estão lá, os filósofos estão lá, os teólogos estão lá. Não se preocupe, eles farão tanto barulho contra e a favor, criarão tantos argumentos que a tênue e serena voz da verdade será silenciada por eles. Não precisamos nos preocupar. Esses eruditos, essas pessoas cultas e esses professores são a minha equipe, eu trabalho por meio deles; eles estão a meu serviço, são meus agentes secretos. Não se preocupe; você não viu meus discípulos ali porque preciso ir disfarçado. Mas cheguei lá, minha equipe começou a trabalhar, já cercou a pessoa e ela não pode fazer nenhum mal. E ela logo morrerá, pois é velha, e então minha equipe será seus apóstolos, seus sacerdotes, e eles darão um jeito em tudo".

Os sacerdotes estão a serviço do demônio, não a serviço de Deus. Os pretensos grandes eruditos que apresentam grandes lógicas e argumentos minuciosos estão a serviço do demônio, e não a serviço de Deus. Uma vez que você escreva algo, está dando uma chance a essas pessoas, e elas não desperdiçarão a oportunidade. Elas misturarão tudo, criarão grande confusão à sua volta. Essa é a especialidade delas.

Portanto, eu posso entender Ko Hsuan meditando dez mil vezes se escreveria ou não. Mas, finalmente, ele decidiu escrever, e acho que ele fez bem. Nunca deveríamos ter medo da escuridão. A luz, não importa o quanto seja pequena, é muito mais poderosa do que a escuridão, não importa o quanto ela seja grande e antiga.

Na verdade, a escuridão não tem poder; a luz tem poder. Essas palavras são palavras poderosas, e a maneira que os místicos falam a verdade está praticamente além dos eruditos; eles realmente não podem destruir sua beleza. Na verdade, eles não podem nem tocar em sua verdade; isso para eles é impossível pela simples razão de que os místicos falam em uma linguagem paradoxal. Eles não falam logicamente; daí estarem além do alcance dos eruditos. Os eruditos podem apenas perceber contradições neles, pois funcionam segundo a lógica, e todas as expressões místicas são paradoxais, são ilógicas ou supralógicas. E particularmente os dizeres do Taoísmo são soberbos nesse sentido; ninguém jamais foi capaz de pôr em ordem os seus paradoxos. Até mesmo nesse pequeno tratado há paradoxos em quase toda sentença e expressão.

Isso também precisa ser entendido. Por que os místicos falam em paradoxos? Para não ficar ao alcance dos eruditos. O paradoxo só pode ser entendido por alguém que medita; ele nunca pode ser entendido por uma pessoa que vive na cabeça, na mente. A menos que você tenha saboreado algo da não-mente, não poderá entender um paradoxo. Esta é uma salvaguarda, uma salvaguarda embutida: fale paradoxalmente, fale como se você fosse praticamente um louco.

Certa vez um jornalista foi ver George Gurdjieff, que estava bebendo o seu chá da manhã. Gurdjieff sempre evitou jornalistas, porque eles são as pessoas mais medíocres que existem, e sua maneira de evitá-los era única. Quando o jornalista se sentou ao lado dele, Gurdjieff perguntou à mulher que lhe servia o chá: "Que dia é hoje?"

A mulher respondeu: "Hoje é sábado".

Gurdjieff ficou furioso e jogou no chão a xícara, que se partiu em mil pedaços. O jornalista ficou com muito medo... porque *era* sábado, e Gurdjieff disse: "Você sempre mente para mim! Ontem você me disse que era sexta-feira, e hoje é sábado? Como pode ser? Como o sábado pode vir depois da sexta-feira?"

O jornalista pensou que aquele homem estava louco e simplesmente fugiu sem se despedir; Gurdjieff deu uma boa gargalhada e disse: "Agora esse homem nunca voltará; afastei-o pela vida inteira. E ele espalhará boatos sobre mim a seus colegas; então não apenas ele foi eliminado, mas muito mais pessoas que poderiam me importunar". Gurdjieff era considerado louco, completamente louco.

As afirmações paradoxais dos místicos têm um propósito: fazer com que os eruditos os evitem. No momento em que os eruditos se deparam com um místico, lá no fundo eles acham que essa pessoa é louca e não se preocupam com ela.

Em segundo lugar, o paradoxo é a única maneira de indicar algo realmente verdadeiro. A lógica é sempre a metade, ela nunca abrange o todo, não pode abranger o todo. A vida consiste em polaridades; assim como a eletricidade é composta dos pólos positivo e negativo, o todo da vida consiste em polaridades. E as polaridades são apenas *aparentemente* opostas umas às outras; no fundo elas não são. No fundo, para aqueles que entendem, que têm inteligência para perceber em profundidade, elas não são opostas, mas complementares.

Mas para isso você precisará de uma profunda experiência de meditação; apenas a mente não adiantará. A mente dirá: "Essas são afirmações contraditórias. Essa pessoa diz uma coisa no começo da sentença e, quando termina a sentença, diz justamente o contrário". Mas o místico sabe o que está fazendo: ele está tentando colocar toda a verdade no que está dizendo. Mas toda a verdade pode ser entendida apenas por uma pessoa que saboreou algo do todo.

A mente sempre quebra coisas, divide, separa; ela funciona como um prisma. Quando um raio de sol branco passa por um prisma, ele se divide em sete cores. O arco-íris é criado dessa maneira; ele é criado por pequenas gotas d'água suspensas no ar, que funcionam como prismas. Os raios de sol que passam por essas gotas são divididos em sete cores. A mente é um prisma; divide as coisas em muitas outras. A verdade é uma só, mas, se você olhar por meio da mente, cada coisa parece ser várias. E a maneira de o místico dizer as coisas é tal que ele quer juntar novamente todas as cores do arco-íris como elas estavam no começo, antes de passarem pelo prisma.

Por causa dessa maneira paradoxal de expressão, os eruditos evitam os místicos; as pessoas que vivem na mente não podem compreendê-los. Essa é uma salvaguarda, e é por isso que esses belos tratados sobreviveram por séculos.

Lembre-se, Ko Hsuan simplesmente está escrevendo o tratado; ele não é seu criador. Ele também experimentou a mesma verdade, porque a verdade é sempre a mesma, não importa quem a experimente. Sempre que a pessoa a experimenta, a verdade é sempre a mesma, não muda; o tempo não faz diferença. Mas o que ele está dizendo foi transferido boca a boca durante séculos, talvez por milhares de anos. É por isso que não sabemos exatamente de quem são essas palavras.

Ele começa assim:

O venerável mestre disse:

"O Tao supremo não tem forma, mesmo assim, produz e nutre o céu e a terra.

"O Tao supremo não tem desejos, mesmo assim, pelo seu poder, o Sol e a Lua giram em suas órbitas.

"O Tao supremo não tem nome, mesmo assim, sempre sustenta todas as coisas.

"Eu não sei o seu nome, mas, para dar-lhe um nome, chame-o de Tao".

> *"A mente é um prisma; divide as coisas em muitas outras. A verdade é uma só."*

O venerável mestre disse... Quem é esse mestre? Nada é dito sobre ele. Talvez o mestre simplesmente represente todos os mestres do passado, todos os mestres do presente e todos os mestres do futuro. Talvez ele simplesmente represente a sabedoria essencial; não é uma pessoa em particular, mas simplesmente o princípio.

Nada se sabe sobre Ko Hsuan, absolutamente nada. Assim, por alguns séculos pensou-se que essas palavras pertenciam a Lao Tzu. Mas Lao Tzu tinha uma maneira diferente de falar, uma maneira totalmente diferente; essas palavras não podem ter vindo de Lao Tzu. Nós estudamos pormenorizadamente as palavras de Lao Tzu, e ele é até mais louco do que Ko Hsuan, até mais místico; e é um fato conhecido que ele nunca escreveu nada além do *Tao Te Ching*, que também foi escrito sob pressão, no último momento, quando Lao Tzu estava deixando a China para morrer no Himalaia.

Lao Tzu decidiu morrer nas montanhas, e não se pode encontrar um lugar mais bonito para morrer do que o Himalaia; o silêncio do Himalaia, o silêncio virgem, a beleza, a natureza em seu esplendor mais profundo. Assim, quando ele ficou muito velho, disse a seus discípulos: "Vou para o Himalaia encontrar um lugar onde possa desaparecer na natureza, onde ninguém saiba de mim, onde nenhum monumento seja feito em minha honra, nenhum templo, nem mesmo uma sepultura. Quero simplesmente desaparecer como se nunca tivesse existido".

Quando ele estava passando pela fronteira do país, foi barrado porque o rei ordenou a todos os guardas da fronteira que, se Lao Tzu fosse sair do país por qualquer dos portões, devia ser impedido de prosseguir até que escrevesse sobre suas experiências de vida. Durante toda a vida Lao Tzu evitara isso e conta-se que, no fim, por ter sido pego na fronteira do país e pelo fato de os guardas não permitirem que ele fosse ao Himalaia, ele ficou três dias na cabana de um guarda, escrevendo um pequeno tratado, o *Tao Te Ching*.

Então, *O Clássico da Pureza* não pode pertencer a Lao Tzu. Mas, porque nada se sabe sobre Ko Hsuan, as pessoas achavam que esse tratado fosse de Lao Tzu e que Ko Hsuan devia ter sido um discípulo que simplesmente o escreveu; as anotações de um discípulo... Não foi assim. O próprio Ko Hsuan é um mestre.

No prefácio desse pequeno tratado, ele diz algumas coisas que precisam ser lembradas. Primeiro ele diz: "Quando atingi a união com o Tao, meditei dez mil vezes sobre esse lampejo antes de escrevê-lo". Ele diz: "Quando atingi a união com o Tao..." Ele não é apenas um discípulo, mas um iluminado. Ele atingiu a união com o Tao e não está escrevendo anotações sobre o que ouviu de alguém; ele próprio passou por essa experiência. Ele atingiu a união suprema com o Tao, tornou-se uma coisa só com a natureza.

Ele diz no prefácio: "Ele é apenas para os buscadores do além; as pessoas mundanas não podem entendê-lo". No prefácio, ele deixa claro que, se você for uma pessoa mundana, é melhor não se preocupar com ele. Não desperdice o seu tempo; ele não foi feito para você, não será de nenhuma utilidade para você e poderá até confundi-lo, distraí-lo de seus assuntos mundanos. É melhor não se envolver com coisas que você não está realmente interessado, é melhor não entrar por entrar.

Há muitas pessoas que se envolvem sem querer, por acaso. Elas encontram alguém e se interessam, mas são como madeira boiando na água: simplesmente ficam vagando ao sabor das marés, à mercê dos ventos, sem nenhum senso de direção.

Ko Hsuan diz: "Ele é apenas para os buscadores do além". Ele deixa claro que, se você for um buscador do além, se estiver disposto a se arriscar... porque a busca do além é arriscada. Ela é a maior aventura, imensamente extasiante, mas de maneira nenhuma fácil; ela também é árdua. Ela tem o seu êxtase e as suas agonias; tem a sua cruz. É claro, a ressurreição vem por meio dela, mas a ressurreição não pode acontecer a menos que você seja crucificado. Assim, ele deixa claro que esse tratado é apenas para os buscadores.

A pessoa precisa estar muito segura de si mesma para saber se é uma buscadora ou não. Você está realmente interessado na verdade? Porque toda criança se distrai desde o começo; nenhuma criança parece estar interessada em Deus, mas os pais insistem em forçar a idéia de Deus na criança. Se por acaso alguém nasce em uma família atéia, então a idéia do ateísmo é imposta a essa pessoa; se alguém nasce em um país comunista, então, é claro, o comunismo é imposto a ela. Se não for a Bíblia, então *O Capital*; se não for a trindade sagrada, então a trindade de Marx, Engels e Lenin, mas algo fatalmente será imposto a você.

道

> *"A primeira coisa a saber é se existe em você um profundo anseio para conhecer a verdade."*

Nenhum pai é amoroso o suficiente para deixá-lo sozinho consigo mesmo para crescer, para ajudá-lo, para alimentá-lo, para dar-lhe a liberdade total de ser você mesmo, autenticamente você mesmo. Daí haver muitas pessoas que acham que são buscadoras de Deus; elas não são. Toda a busca delas é um fenômeno imposto, um condicionamento. E, se você estiver procurando Deus só porque lhe disseram para fazer isso, porque lhe disseram continuamente para fazer isso, então a palavra se tornou uma realidade em você, mas não é parte de você, não é intrínseca; ela veio de fora e você é como um papagaio, ou talvez até mesmo os papagaios sejam mais inteligentes do que você.

Um comunista italiano excessivamente fanático encontra um papagaio que sabe cantar a canção popular comunista "Bandeira Rosa". Ele compra o papagaio e o leva para casa, mas depois de alguns dias a mulher dele não consegue mais agüentar a canção, pois o papagaio a canta o dia inteiro.

Em um momento de fúria, ela bate no papagaio e cobre-o com uma toalha. Quando o marido volta para casa, ela conta tudo o que aconteceu.

Desesperado, o homem levanta a toalha para ver como o papagaio está.

Abrindo um olho, o papagaio sussurra: "Ei, camarada, aqueles fascistas sujos já foram embora?"

Até os papagaios são mais inteligentes do que os pretensos seres humanos que ficam simplesmente repetindo as frases feitas que lhes foram transmitidas pelos pais, pelos padres ou pastores, pelos professores, pelas escolas, pelos colégios, pelas universidades... Toda esta sociedade o condiciona de uma certa maneira, e depois de vinte e cinco anos de condicionamentos, é natural que você se esqueça do que realmente quer fazer, do que realmente quer ser.

A primeira coisa a saber é se existe em você um profundo anseio para conhecer a verdade. Você está disposto a arriscar tudo por ela, até mesmo a sua vida se for preciso? Se esse for o caso, diz Ko Hsuan: "Então estas palavras são para você". Se você for apenas mundano, e por "mundano" ele quer dizer aquele que está interessado em dinheiro, em poder e em prestígio, então seria melhor não se preocupar com coisas tão elevadas, pois elas não são para você, pelo menos não ainda. Primeiro, você precisa ficar saturado com todos os seus chamados desejos mundanos; dedique-se a esses desejos. A menos que você fique imensamente frustrado, a menos que perceba que eles são todos fúteis, que você sempre fracassará, seja bem-sucedido ou não, que sempre será pobre, tenha você dinheiro ou não, que sempre será um mendigo, seja você um imperador ou um mendigo... Quando essa consciência despontar em você, só então você poderá realmente se tornar um buscador do além. Fora isso, se você finge ser um buscador do além, trará todo o seu mundo com você, todos os seus desejos com você.

É por isso que as pessoas pensam em Deus e no paraíso. Não é que elas estejam interessadas em Deus e no paraíso; elas só estão interessadas no poder, no prestígio. Talvez estejam com medo da morte e, devido ao medo e à ambição, começam a rezar para Deus. Mas uma prece que nasce do medo e da ambição não é uma prece. A verdadeira prece nasce da gratidão, e nunca do medo ou da ambição; a verdadeira prece vem do amor pela verdade, seja ela qual for. Senão, seus desejos mundanos novamente se projetarão em Deus e no paraíso.

Se você investigar as descrições do paraíso nas diferentes religiões e nos diferentes países, ficará surpreso: o que eles desejam é projetado. Por exemplo, o paraíso tibetano é descrito como um lugar quente; obviamente, porque os tibetanos sofrem tanto de frio que gostariam que o paraíso fosse repleto de sol e calor para que eles pudessem, pelo menos, tomar banho todos os dias. No Tibete, as escrituras dizem que é sua obrigação tomar pelo menos um banho por ano!

O paraíso indiano é fresco, tem ar-condicionado. Naquele tempo, eles não conheciam o ar-condicionado; então descreveram o paraíso como tendo um ar fresco. É inevitável que seja assim, pois a Índia sofreu muito com o calor, e tudo o que as mentes indianas querem é um pouco de sombra e frescor. Assim, o paraíso indiano sempre tem brisas frescas e grandes árvores, tão grandes que mil carros de boi podem ficar debaixo de uma única árvore. A idéia indiana do paraíso é sombra e frescor.

O inferno tibetano é absolutamente gelado, e o inferno indiano está cheio de fogo. Ora, não pode haver tantos infernos e tantos paraísos; essas são nossas projeções. Tudo o que

desejamos nós projetamos no paraíso, e tudo o de que temos medo nós projetamos no inferno. O inferno é para os outros, para aqueles que não acreditam na nossa ideologia, e o paraíso é uma recompensa para aqueles que acreditam na nossa ideologia; trata-se da mesma mente mundana. Essas pessoas não são religiosas.

No paraíso muçulmano, há rios de vinho. Isso é muito estranho, pois aqui o vinho é condenado, é pecado, e lá os santos são recompensados com vinho?

Todos os paraísos de todas as culturas estão cheios de belas mulheres porque a idéia do paraíso é criada pelos homens. Nunca me deparei com uma descrição de belos homens. Se algum dia mulheres escreverem sobre seus próprios paraísos, não falarão sobre belas mulheres, mas sobre belos homens, sobre maridos dominados pelas mulheres, sempre as seguindo como sombras, obedientes, como criados! É assim que as mulheres foram retratadas pelos homens em seus paraísos.

E as mulheres são sempre jovens, nunca envelhecem. Isso é estranho! Se você analisar a idéia de Deus, todas as religiões pensam em Deus como um homem muito velho. Você já pensou em Deus como um jovem? Nenhum país jamais considerou Deus como jovem porque não se pode confiar nos jovens; eles são perigosos e também um pouco tolos. Um sábio tem de ser muito velho; então Deus é muito velho. Mas as mulheres que o cercam são todas muito jovens; na verdade, estagnadas na idade dos dezoito anos, e não passam disso. Muito estagnadas! Elas devem estar cansadas de continuar com dezoito anos de idade por milhões de anos. Mas essa é a idéia do homem. Aqui os santos renunciam às mulheres, renunciam ao sexo, condenam o sexo, louvam o celibato e, é claro, esperam ser bem pagos, ser bem recompensados no paraíso com jovens e belas mulheres.

Esses são os nossos desejos mundanos vindos do inconsciente; não se pode afastá-los. A menos que você os tenha encontrado, que os tenha observado, não pode simplesmente reprimi-los.

Ko Hsuan está certo: "O mundano não pode entendê-lo". Fatalmente, eles entenderão mal.

O novo paciente entra na sala do psicanalista. Ele é teólogo, filósofo, um grande erudito e diz: "Doutor, vim aqui porque todo mundo diz que me enalteço demais".

"Vamos verificar isso", disse o psicanalista. "Para analisar o seu problema é necessário que você me conte a sua história desde o começo."

"Tudo bem", disse o homem. "No começo, tudo eram trevas..."

Você percebe? Ele realmente começou do começo! Seu entendimento inevitavelmente será próprio dele, não importa aonde ele vá ou o que faça. Tudo o que ele escolher virá da sua mente e da sua mentalidade. Por quanto tempo você pode reprimir, por quanto tempo você pode esconder? A coisa aflorará, senão pela porta da frente, pela dos fundos.

Dois loucos em um hospício olham para o relógio indicando doze horas.

Um diz: "É meio-dia".

O outro diz: "É meia-noite".

A discussão fica tão acalorada que eles decidem perguntar ao diretor do hospital: "É meio-dia ou meia-noite, diretor?"

O diretor olha para o relógio e diz: "Não sei; meu relógio parou".

Em um hospício não se pode esperar que o diretor seja menos louco do que os loucos. Na verdade, ele é o diretor por ser mais louco! Ele

pode ser o interno mais antigo, daí ter sido escolhido para ser o diretor.

Ko Hsuan diz em seu prefácio: "Recebi essas palavras do governante divino do Portal Dourado".

A verdade é sempre uma dádiva, e não uma aquisição, porque todas as aquisições pertencem ao ego, e a verdade não pode ser parte da sua viagem de ego. A verdade só acontece quando o ego é abandonado, então você não poderá dizer: "Eu a atingi", mas apenas dizer: "Ela me foi dada, é uma dádiva". Ko Hsuan está certo; ele diz: "Eu as recebi..."

Lembre-se, você precisa estar no terminal de recepção. Não é para você ser agressivo com relação à verdade. O buscador verdadeiro não é um conquistador, não é agressivo, não é masculino.

Quando você é um buscador de verdade, você se torna feminino, como um útero; você recebe, esvazia-se totalmente para que seja criado espaço para receber. E esta é toda a arte da meditação; é isto o que os místicos têm feito por séculos e os mestres têm dito a seus discípulos para fazer: esvazie-se totalmente, torne-se um nada. E, no momento em que você é totalmente nada, nesse exato momento a verdade desce sobre você; você fica repleto dela. Primeiro você precisa estar vazio de si mesmo e, depois, fica repleto de Deus, do Tao, do Darma ou do nome que preferir.

Ko Hsuan diz: "Eu as recebi do governante divino do Portal Dourado". Esta é uma expressão misteriosa: "O Portal Dourado". Essa é a maneira taoísta de dizer que Deus não é uma pessoa, mas um portal, uma abertura para a existência. E, se você estiver vazio, a porta se abre *dentro de você*. É o seu ego que está bloqueando a porta, é *você* que está bloqueando a porta; com exceção de você, não há obstáculo. Remova a si mesmo, não fique no meio, e, subitamente, o Portal Dourado se abre. E ele é chamado de dourado porque, no momento em que você passa por ele, você é puro ouro. A poeira desaparece, é transmutada, transformada; ela se torna divina.

Esta é a definição de alquimia: transformar poeira no divino, transformar metal básico em ouro. E isso acontece simplesmente quando você se torna um receptor. Você precisa ser completamente uma não-entidade.

Ko Hsuan diz: "Antes, isso só era transmitido boca a boca. Os que forem capazes de compreender o significado serão embaixadores do divino e entrarão no Portal Dourado".

Esse pequeno prefácio diz: "Os que forem capazes de compreendê-lo, de entendê-lo, serão embaixadores do divino..." Não que eles *terão de* se tornar; eles *se tornarão* naturalmente, sem nenhum esforço. Eles começarão a irradiar divindade, começarão a irradiar luz, serão luminosos. Milagres começarão a acontecer por meio deles, sem nenhum esforço.

Conta-se que muitos milagres aconteceram na vida de Ko Hsuan. Eles são os mesmos milagres que aconteceram com muitos místicos. Por exemplo, conta-se que ele era capaz de caminhar sobre as águas. O mesmo se diz sobre Jesus. Lembre-se, esse não é um fato. Jesus não é tão tolo nem Ko Hsuan é tão tolo a ponto de caminhar sobre as águas. Não há necessidade de caminhar sobre as águas. Então o que isso significa? Essa é uma expressão poética, uma metáfora, e simplesmente significa que eles eram capazes de fazer o impossível. E o que é mais impossível no mundo? O mais impossível no mundo é transcender o mundo, é conhecer a si mesmo, é tornar-se completamente vazio.

Estas são apenas metáforas: "caminhar sobre as águas..." Não as tome como fatos; elas são maneiras poéticas de dizer certas coisas.

O segundo ponto que se afirma sobre Ko Hsuan é que ele conhecia o segredo do elixir da vida, o segredo da alquimia. Quem conhece a própria consciência, a consciência que é apenas uma testemunha de seus pensamentos, aquele que vem a conhecer seu estado de não-mente, sabe perfeitamente que não existe morte para ele. Nenhum nascimento, nenhuma morte; ele sabe que nunca nasceu e que nunca morrerá; ele foi além de ambos. Esse é o segredo da vida, essa é a ciência secreta da alquimia.

E o terceiro ponto que se afirma sobre ele é que ele ascendeu ao além em plena luz do dia. Isso também se diz sobre Maomé e sobre muitos outros, e são todas belas maneiras de expressar o inexprimível. Essas pessoas ascenderam ao supremo não por uma porta dos fundos; elas chegaram ao supremo em plena luz do dia. Os que tinham olhos os viram ascender, os que tinham ouvidos ouviram a música quando eles estavam ascendendo, os que tinham coração para sentir sentiram sua transformação. Essas pessoas viveram sobre a terra e, ainda assim, não pertenciam à terra. Elas não eram pessoas terrenas, mas completamente de um outro mundo.

Não se deixe enganar por fanáticos religiosos que insistem que essas metáforas não são metáforas, mas fatos; que essas expressões poéticas não são expressões poéticas, mas parte da História. Se você realmente quiser entender o caminho místico da vida, seja um pouco mais poético.

A perfeição do paraíso era tamanha que Pedro ficou entediado. Um dia, quando todos estavam reunidos, ele disse a Deus: "Estou tão entediado... Adoraria visitar a terra de vez em quando, o senhor não?"

"Não na minha idade", replicou Deus.

"Uma vez foi suficiente para mim", disse Jesus.

"Não até que eles parem de atirar em pombas", afirmou o Espírito Santo.

Jesus é chamado pelo pai que lhe diz que ele precisa se sacrificar mais uma vez para a redenção da humanidade.

Embora relutante, Jesus concorda.

Então ele dá uma volta pelo céu despedindo-se dos amigos e prometendo voltar em trinta e três anos e, seguido por todos os anjos, desce para a terra.

Trinta e três anos se passam, mas não há nenhum sinal de Jesus. Finalmente, depois de oitenta anos, aparece no paraíso um velho muito magro dizendo ser Jesus. Ele é levado para Deus que o reconhece imediatamente, perguntando surpreso: "O que aconteceu? Por que você demorou tanto?"

"Sabe o que é, pai", responde Jesus, "não há mais pena de morte na terra; então fui condenado à prisão perpétua!"

Jesus caminha entre o povo fazendo milagres, e de repente um homem cai a seus pés e diz: "Senhor, senhor, cure-me, cure-me!"

"Acalme-se, filho. Tenha fé e será curado."

Jesus se aproxima do homem e olha em seus olhos, então se afasta e dá sinal para Pedro se aproximar. Quando Pedro se aproxima, Jesus lhe sussurra: "Não vai funcionar, Pedro. Finja que precisamos ir embora; ele tem câncer!"

A realidade é a realidade!

Ou esses milagres são metáforas ou alguma coincidência. Por exemplo: Lázaro voltando à vida; ele poderia estar apenas em coma, ou essa é apenas uma bela metáfora, pois todo mestre chama seus discípulos para voltarem à vida. Geralmente você está morto, absolutamente não saboreou a vida. Todos vocês são Lázaros! E Lázaro estava morto há apenas quatro dias, e todos estão mortos por milhões de vidas. Certamente seria um milagre chamá-los! E, se você ouvisse e voltasse à vida, esse seria um milagre feito tanto por você quanto pelo mestre. Na verdade, você faria um milagre maior do que o mestre!

Os mesmos milagres são descritos na vida de todos os santos, e não há muita diferença entre eles pela simples razão de que todo místico vive uma vida em que está no mundo e, ainda assim, não está no mundo. Como expressá-la? Como dizer algo significativo sobre ela? Isso só pode ser dito por meio de milagres. A linguagem dos milagres é a única maneira possível de expressar ou de, pelo menos, indicar algo indescritível.

Mas há tolos que se apegam a essas coisas e começam a criar histórias. Eles não ajudam a divulgar a mensagem divina, e sim criam obstáculos e empecilhos. Na verdade, muito mais pessoas inteligentes estariam com Jesus se fossem abandonados todos esses milagres e as tolices a eles associadas. Sim, os tolos o desertariam, pois só estão com ele por causa dos milagres, mas as pessoas inteligentes estariam com ele.

Às vezes acontecem coincidências, e às vezes é possível uma série de coincidências que pode fazer uma pessoa acreditar. E, quando essas coisas acontecem, as pessoas inevitavelmente acreditam; e essas coisas podem acontecer porque este mundo é muito vasto. As pessoas são crédulas, mas não existem milagres. Há apenas um milagre, *o* milagre, e esse é você ficar completamente vazio. A morte do ego é o único milagre, e, se isso acontece, você passa pelo Portal Dourado, conhece a eternidade, vai além do tempo.

Agora estes pequenos versos de Ko Hsuan:

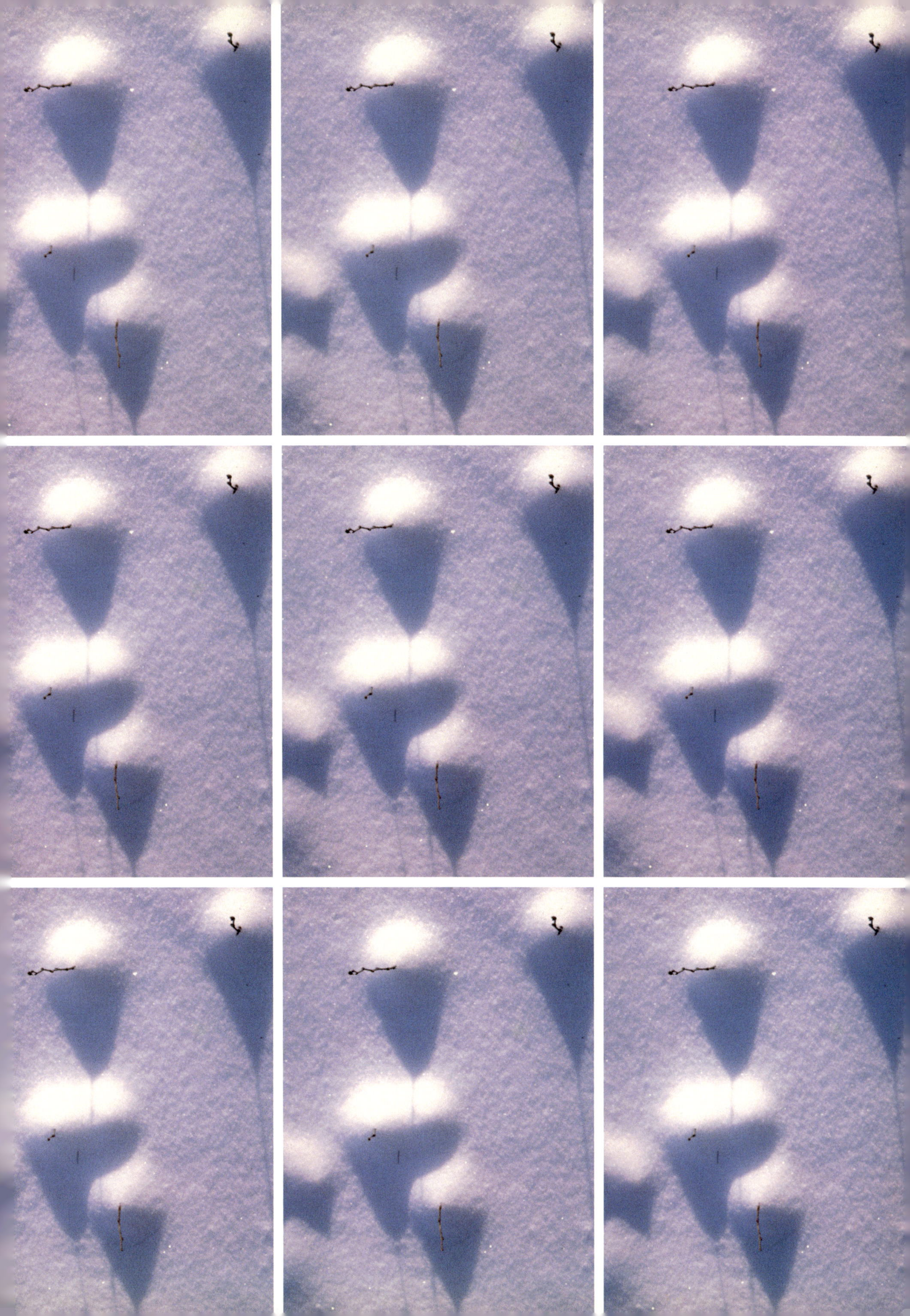

O venerável mestre disse:

"O Tao supremo não tem forma..."

Desde o começo Ko Hsuan quer que você saiba que o Tao não tem forma. Assim, você não pode fazer uma estátua do Tao, não pode criar um templo ao redor do Tao, não pode criar rituais; nenhum sacerdócio é possível.

O Tao supremo não tem forma; ele é a lei universal da existência. Você não pode venerá-lo, não pode rezar para ele. Todas as suas adorações são tolas e todas as suas preces não são ouvidas e continuarão sem ser ouvidas. Não há ninguém para ouvir as suas preces ou para atendê-las. Suas preces são os seus desejos em uma nova forma. Observe as suas preces, o que elas são. A vestimenta é religiosa, o jargão é religioso, mas nada mudou; os desejos são os mesmos. As pessoas estão pedindo dinheiro, poder, prestígio. Não importa o que você peça, ao pedir, você está pedindo algo errado, pois não há ninguém para lhe dar nada, e a própria idéia de conseguir algo pedindo é absurda. Fique em completo silêncio.

O Tao não é o caminho da prece; ele é o caminho da meditação.

"O Tao supremo não tem forma; mesmo assim, produz e nutre o céu e a terra."

Isso não quer dizer que o Tao seja indiferente a você, mas simplesmente que você não pode venerá-lo, não pode orar para ele. Mas ele continua nutrindo você; você é nutrido por ele, sustentado por ele. O todo o respira; ele é o palpitar do coração do cosmos, mas não uma pessoa.

"O Tao supremo não tem desejos..."

Assim, se você quiser ter uma comunhão com o Tao, terá de abandonar todos os desejos. As pessoas insistem em mudar seus desejos, mas basicamente eles permanecem os mesmos; as pessoas insistem em mudar suas estruturas externas de vida; elas chamam isso de "caráter". Alguém fuma, e você pode não fumar, mas começa a mascar chiclete, e essa é a mesma estupidez. Ou você pode parar de mascar chiclete, mas começa a fazer uma outra coisa. E pelo fato de você ser o mesmo, nada mudará. Se você for à Lua, fará as mesmas tolices que está fazendo aqui. Tudo será diferente e nada será diferente.

Um casal é capturado por um disco voador de Marte e levado à sala de estar da espaçonave. Lá, os dois são recebidos por um casal de marcianos que lhes oferece bebidas e começam a bater papo. Após vários *drinks*, todos ficam relaxados e o terráqueo pergunta aos marcianos: "Como vocês procriam?"

"Minha companheira e eu lhes demonstraremos", responde o marciano.

Eles se dirigem a um armário que parece um refrigerador, a marciana pega uma garrafa contendo um líquido marrom, e o marciano pega uma garrafa contendo um líquido branco. Depois, vão até uma mesa onde há uma jarra vazia na qual cada um despeja o líquido.

"Agora colocamos o líquido nesse gabinete", explica o marciano, "e em nove meses teremos um bebê. E como vocês procriam na Terra?"

Assim, o casal terráqueo demonstra para os marcianos. Eles tiram a roupa, deitam-se no chão com o homem sobre a mulher, mas, enquanto estão indo e vindo, percebem que os marcianos estão rindo deles.

"Do que vocês estão rindo?", eles perguntam.

"Desculpe-nos", os marcianos respondem, "mas achamos engraçado porque é assim que fazemos café!"

Você pode estar aqui, na Lua ou em Marte, pode mudar coisas externas, mas não faz diferença. Ou você fará amor de uma maneira estúpida ou fará café de uma maneira estúpida, mas fará algo estúpido, a menos que surja inteligência em você, a menos que sua inconsciência seja transformada em consciência, a menos que sua escuridão desapareça e se torne luz.

"O Tao supremo não tem desejos; mesmo assim, pelo seu poder, o Sol e a Lua giram em suas órbitas. O Tao supremo não tem nome, mesmo assim, sempre sustenta todas as coisas. Eu não sei o seu nome..."

Essas são palavras imensamente valiosas: "Eu não sei...", e é assim que falam as pessoas que sabem. As pessoas que afirmam que sabem são completamente ignorantes. O verdadeiro conhecedor vive a partir de um estado de não saber.

Ko Hsuan diz: "Eu não sei o seu nome... *mas, para dar-lhe um nome, chame-o de Tao."*

Precisamos chamá-lo de alguma coisa. Perceba a atitude não-fanática. Você pode chamá-lo de qualquer coisa, XYZ. Tao simplesmente significa XYZ. Apenas porque precisamos chamá-lo de alguma coisa, o chamamos de Tao; mas não tem problema se você escolher algum outro nome.

Assim, quando os budistas chegaram à China, ficaram surpresos, pois os místicos taoístas simplesmente concordaram com eles, dizendo: "Perfeitamente certo! Nós o chamamos de Tao, vocês o chamam de Darma. É a mesma coisa, pois definimos o Tao como não tendo nome, e vocês definem o Darma como não tendo nome; dizemos que o Tao não tem forma, e vocês dizem que o Darma não tem forma; então não há problema. Estamos apenas falando línguas diferentes, mas estamos indicando a mesma verdade".

Esta é uma das coisas mais belas que aconteceram na História. Quando os budistas

O JEITO PRÁTICO

O Tao não acredita em milagres, mas em métodos científicos para transformar a sua vida.

Certo dia, Lao Tzu, Chuang Tzu e Lieh Tzu caminhavam juntos por uma floresta quando se depararam com um rio de águas tumultuosas que se interpunha em seu caminho. Imediatamente Lieh Tzu se sentou à margem do rio e meditou sobre o Tao eterno. Dez minutos depois, levantou-se e começou a caminhar sobre as águas até a outra margem.

Em seguida, Chuang Tzu se sentou na postura de lótus durante vinte minutos, depois se levantou e também caminhou pelo rio.

Lao Tzu, observando isso com espanto, deu de ombros, sentou-se à margem do rio como os outros e meditou por mais de uma hora. Finalmente, em completa confiança no Tao, fechou os olhos, deu um passo dentro do rio e afundou.

Na outra margem, Chuang Tzu riu, voltou-se para Lieh Tzu e disse: "Deveríamos contar a ele onde estão as pedras?"

O Tao não acredita em nenhuma tolice. Ele é muito pragmático, prático, com os pés no chão.

chegaram à China, não houve conflito, argumentação ou conversão, e mesmo assim os budistas e os taoístas se encontraram, se fundiram e se tornaram absolutamente integrados. Isso não aconteceu na história do cristianismo, do judaísmo ou do islamismo, que estão repletos de coisas feias. Isso só aconteceu na tradição de Buda e de Lao Tzu. Um fenômeno muito raro... nenhuma argumentação; eles simplesmente tentaram entender um ao outro, e riram, abraçaram-se e disseram: "Perfeitamente verdadeiro!"

Um missionário cristão foi ver um mestre zen e começou a ler as bem-aventuranças da Bíblia: "Bem-aventurados são os mansos porque deles é o reino de Deus".

O mestre disse: "Pare! Isso é suficiente. Seja lá quem disse isso é um buda".

O missionário ficou completamente chocado. Ele viera para argumentar, para converter, para convencer o mestre Zen que Buda estava errado e que Jesus estava certo. E esse homem disse: "Seja lá quem disse isso... não sei quem foi, mas seja lá quem disse isso é um buda. Não é preciso ler mais; essa sentença é suficiente. Pode-se saborear o oceano de qualquer lugar, seu sabor é o mesmo, ele é salgado. Essa sentença já basta!"

O mesmo aconteceu na China. Os budistas foram lá, e toda a China se tornou budista sem ninguém converter ninguém. Isso porque o taoísmo era muito generoso e o budismo era muito compreensível; não se levantava a questão de converter ninguém. Toda a idéia de converter alguém é feia e violenta. Eles nunca argumentaram; sim, eles comungaram, balançaram afirmativamente a cabeça para o entendimento do outro e disseram: "Sim, isso é verdade. Lao Tzu também diz isso. É isso que Buda disse com suas próprias palavras." E a partir desse encontro, o qual é o mais raro de toda a humanidade, nasceu o Zen. A partir do encontro de Buda e Lao Tzu, a partir do encontro do discernimento de Buda e do discernimento taoísta, a partir do encontro do Darma e do Tao, nasceu o Zen. Dessa maneira, o Zen é um raro florescimento. Em nenhum outro lugar aconteceu assim... tão silenciosamente, sem derramamento de sangue, sem um único argumento. Não havia motivo de argumentar; a diferença era apenas de linguagem.

Uma pessoa verdadeiramente religiosa é assim; ela não é fanática, não pode ser.

Ko Hsuan diz:

"Eu não sei o seu nome, mas, para lhe dar um nome, chame-o de Tao".

Essa é uma experiência que não tem nome, mas precisamos chamá-la de alguma coisa, então a chamaremos de Tao. Isso é arbitrário, e, se você tiver algum outro nome, como Deus, Logos, Darma, Verdade, Nirvana, pode escolher qualquer um deles. Todos eles são belos porque a experiência não tem nome próprio, então qualquer nome servirá.

Essa abordagem deveria ser a nossa abordagem. Não deveríamos ser parte de nenhum dogma, seja ele cristão, muçulmano, hindu... Não deveríamos pertencer a nenhuma igreja; isso tudo é infantilidade, é uma atitude política. Uma pessoa religiosa está absolutamente livre de todos os dogmas, e apenas na liberdade a compreensão se desenvolve.

Entenda essa abordagem em relação à vida; isso é fundamental. Uma vez enraizado nela, você começará a se desenvolver; uma magnífica folhagem acontecerá a você, um magnífico florescimento e preenchimento.

道

sobre o autor

Osho (1931-1990) é um místico contemporâneo cujos ensinamentos inspiram milhões de pessoas de todas as condições sociais. Seus trabalhos, publicados em mais de 40 línguas, são transcrições de palestras feitas de improviso durante um período de 35 anos. Eles abrangem os assuntos mais variados, desde a busca pessoal da felicidade até as mais prementes preocupações sociais, políticas e espirituais da nossa época. *O Sunday Times*, de Londres, definiu Osho como um dos "1000 criadores do século XX". Seus livros são *best-sellers* em muitas línguas e em muitos países.

"Ele cita Jesus, Buda, Mahavira, Lao Tzu, os sufis e os antigos mestres do Zen com uma memória magnífica, interpretando-os com vigor e clareza como se eles estivessem falando hoje, como se estivessem usando *jeans*."
Die Zeit, Alemanha

"Osho é um dos mais notáveis oradores que já ouvi."
Bernard Levin, *The Times*, Reino Unido

WEBSITE DO OSHO Para maiores informações sobre Osho, consulte www.osho.com — um website em várias línguas, com informações sobre o autor, seu trabalho e o Osho Meditation Resort.